RACISMO WOKE

JOHN McWHORTER

Tradução
VICTOR MANDELLI

RACISMO WOKE

Como a militância traiu o movimento antirracista

COPYRIGHT © FARO EDITORIAL, 2024
COPYRIGHT © 2021 BY JOHN MCWHORTER

Todos os direitos reservados.
Nenhuma parte deste livro pode ser reproduzida sob quaisquer meios existentes sem autorização por escrito do editor ou do autor.
Avis Rara é um selo de Ciências Sociais da Faro Editorial.

Diretor editorial **PEDRO ALMEIDA**
Coordenação editorial **CARLA SACRATO**
Assistente editorial **LETÍCIA CANEVER**
Tradução **VICTOR MANDELLI**
Preparação **TUCA FARIA**
Revisão **BARBARA PARENTE e THAÍS ENTRIEL**
Diagramação e adaptação de capa **VANESSA S. MARINE**

Dados Internacionais de Catalogação na Publicação (CIP)
Jéssica de Oliveira Molinari CRB-8/9852

McWorther, John
  Racismo Woke : como a militância traiu o movimento antirracista / John McWorther ; tradução de Victor Mandelli. — São Paulo : Faro Editorial, 2024.
  192 p.

  ISBN 978-65-5957-464-3
  Título original: Woke racism

  1. Antirracismo 2. Estados Unidos - História 3. Negros – Condições sociais I. Título II. Mandelli, Victor

  23-6189   CDD 305.800973

Índices para catálogo sistemático:
1. Antirracismo

1ª edição brasileira: 2024
Direitos de edição em língua portuguesa, para o Brasil, adquiridos por FARO EDITORIAL
Avenida Andrômeda, 885 - Sala 310
Alphaville — Barueri — SP — Brasil
CEP: 06473-000
www.faroeditorial.com.br

Este livro é dedicado a cada um que encontra dentro de si uma posição contra esse desvio no desenvolvimento intelectual, cultural e moral da humanidade.

Sumário

Prefácio à edição brasileira 11

Prefácio 17

O que este livro não é 18

1 - Que tipo de gente? 23
Que tipo de gente faz coisas assim? **25**
Por que essas pessoas não sofrem consequência alguma? **33**
Vamos deixar que continuem com isso? **36**

2 - A nova religião 43
Os Eleitos têm crenças infundadas **44**
Os Eleitos têm um clero **47**
Os Eleitos têm um pecado original **49**
Os Eleitos são evangelistas **52**
Os Eleitos são apocalípticos **53**
Os Eleitos expulsam os hereges **60**
Os Eleitos suplantam religiões mais antigas **65**
E por aí vai **68**

3 - O que atrai pessoas para essa religião? 75
O que diz a teoria crítica da raça? **75**
Por que brancos se tornam Eleitos? **79**
Desmantelar estruturas hegemônicas? **83**
O eleiticismo é fácil **87**
Os negros adotam o eleiticismo para se sentirem completos **90**
Faz muito sentido que "a questão racial" se pareça com a fé religiosa **94**
A eleiticização dos negros não é novidade **97**
Outras formas de ser negro **99**
ACUSAÇÃO DE TRAIÇÃO EXPLICADA **103**

4 - Qual é o problema de ser uma religião? É que prejudica pessoas negras 107

O que dizem os Eleitos a respeito da disciplina escolar: A intolerância contra garotos negros **108**

O que dizem os Eleitos a respeito do ensino superior: Sem cota é lorota **111**

O que dizem os Eleitos sobre a qualidade dos pensadores negros: Condescendência é respeito **116**

O que dizem os Eleitos sobre identidade: A essência dos negros é não serem brancos **119**

O que dizem os Eleitos sobre o que deveria preocupar negros engajados — prova A: "Resultados desiguais são fruto de oportunidades desiguais" **127**

O que dizem os Eleitos sobre o que deveria preocupar negros engajados — prova B: "A escravidão é acobertada" **135**

O que dizem os Eleitos sobre o que deveria preocupar negros engajados — prova C: "Figuras históricas que não militavam em questões raciais devem ser canceladas" **137**

Você quer mesmo fazer parte dessa religião? **141**

5 - Para além de "desmantelar estruturas": Como salvar as pessoas negras? 143

Proposta 1: Acabar com a guerra às drogas **143**

Proposta 2: Ensinar a ler corretamente **145**

Proposta 3: Superar a ideia de que todos devem ir para a faculdade **146**

É isso? **147**

6 - Como contornar os Eleitos? 153

O que não fazer **158**

De volta ao básico **167**

Simplesmente diga *não* **170**

Separação de Igreja e Estado **172**

Exemplos de respostas **176**

Seja Spartacus **180**

Agradecimentos 185

Nota do editor: quando o autor usa o termo religião é em sentido de culto, união de pessoas e não uma questão de fé divina.

Prefácio à edição brasileira

O que você tem em mãos é a tradução do livro do professor John McWorther sobre o movimento antirracista contemporâneo. Mas este não é o único livro de sua autoria sobre o assunto. Em 2001, McWorther lançou *Losing the Race: Self-Sabotage in Black America*. E, em 2007, lançou *Winning The Race: Beyond the Crisis in Black America*. Também escreveu vários artigos sobre o tema para sua coluna no jornal *The New York Times*. Essa produção substantiva esconde um detalhe curioso: McWorther é um neófito na discussão das relações raciais. Linguista de formação, é professor do departamento de Inglês e Literatura Comparada da Universidade Columbia. Passou a se interessar pela temática ao notar as distorções do movimento que arroga para si a exclusividade de luta pelos negros. Não parou mais; as distorções são numerosas e escandalosas demais para serem ignoradas conscientemente.

A obra traz contribuições valiosíssimas, mas eu seria negligente em deixar de sublinhar a principal: o autor denuncia como o movimento antirracista contemporâneo transformou pontos políticos sobre igualdade racial em dogmas religiosos; o agrupamento desses pontos forma o que ele chama de *Catecismo das Contradições*. Eu, como católica romana, devo alertar que quando a obra faz menção à religião, não está apontando que religião é algo ruim ou negativo; está apontando que o movimento antirracista construiu um tipo de comportamento político que replica as mais extremistas condutas de fundamentalistas religiosos e a estrutura doutrinal vista em muitas igrejas (clero, leigo, rebanho, evangelho, pecado original, penitência etc.). É importante não perder de vista que o amor é o epicentro da maioria das religiões como o cristianismo; McWorther faz questão de demonstrar que o movimento antirracista, enquanto religião social contemporânea, não possui nem amor nem misericórdia por quem quer que seja.

Fazendo uma analogia com o movimento feminista, que é didaticamente analisado através das três ondas, McWorther apresenta, de maneira bastante inovadora, as três ondas do movimento antirracista: a **primeira onda** é caracterizada pela luta da abolição à escravatura e da segregação legalizada; a **segunda onda** é caracterizada pelo combate às atitudes racistas presentes no cotidiano dos Estados Unidos. O racismo era considerado uma falha moral; e a **terceira onda**, que se tornou *mainstream* a partir dos anos 2010 e é marcada pela ideia de que o racismo está na estrutura social. Pessoas brancas seriam cúmplices desse racismo e essa cumplicidade constitui o racismo por si próprio. Por sua vez, pessoas negras precisam lidar com o racismo em torno delas e compreender que este representa a totalidade de sua existência; o racismo tornou-se o núcleo da identidade da pessoa negra e a riquíssima história da negritude foi reduzida pela associação a seu principal algoz.

Nós estamos na terceira onda. O autor construiu seu pensamento a partir do contexto americano, que guarda peculiaridades, distinções e semelhanças em relação ao contexto brasileiro. Ainda assim, a descrição produzida pelo autor é bastante semelhante ao cenário nacional e isso não é exatamente uma surpresa, visto que lideranças negras brasileiras são influenciadas pela produção intelectual americana e, em alguns casos, recebem até financiamento de organizações americanas para conduzir pesquisas e promover ativismo político.

McWorther argumenta que o movimento antirracista estava correto nas lutas empreendidas durante a primeira e a segunda ondas. A sua crítica é sobre a terceira onda, quando o movimento evadiu do objetivo de defender *negros* e rumou para o novo objetivo de defender apenas *negros que concordam com os cânones estabelecidos pelo alto clero da militância*. Os negros do segundo grupo recebem o tratamento que um indivíduo que cometeu um gravíssimo pecado recebe em algumas religiões abraâmicas: a excomunhão.

Com lealdade aos princípios políticos progressistas ou qualquer outra denominação que habite o campo político das esquerdas, o movimento antirracista marginaliza e difama todo negro que publicamente se classifica como conservador, liberal ou até mesmo cristão; o ativismo antirracista autoriza, por inação ou motivação deliberada, o racismo praticado contra negros que não são de esquerda. Para o ativismo, esses negros teriam sido contagiados pela "brancura" – como bem disse Douglas Murray em *A guerra contra o Ocidente* – e se tornaram "traidores da raça", termo cuja versão nacional é "capitão do mato". Na perspectiva do ativismo, o negro ideal é esquerdista, praticante de candomblé ou umbanda, opositor ao cristianismo, usuário de indumentária que retoma à África idílica, em conotações quase folclóricas, criada na mente ativista e romanticamente envolvido com pessoas negras. Ou seja, como a imensa maioria dos negros brasileiros são cristãos (católicos ou protestantes), o que é ideal para o ativismo é um grupo cada vez mais minoritário no Brasil. Trocando em miúdos: o movimento antirracista contemporâneo não trabalha para combater o racismo; trabalha, sim, para combater *algumas* formas de racismo.

Além dos males causados à comunidade negra, os ativistas da terceira onda do antirracismo são orientados por um conjunto de princípios que formam uma espécie de cartilha de comportamento para pessoas brancas. A cartilha exibe, sem deixar qualquer possibilidade de dúvida, posições que não possuem efeito prático para o real combate ao racismo e geram mais confusão do que esclarecimentos. Um exemplo atual e nacional cabe: em setembro de 2023, uma servidora de um dos ministérios do governo federal publicou em sua rede privada um conjunto de palavras ofensivas dirigidas a brancos e a cidadãos paulistas. Para qualquer pessoa com senso ajustado e bússola moral atualizada, o caso foi mais um lamentável exemplar do que chamamos de injúria racial. Como a servidora era uma mulher negra, rapidamente ergueu-se um levante em sua defesa, que apontava que as palavras da servidora eram, de fato, ruins e desnecessárias, mas ninguém ousou chamar o caso pelo que realmente é: injúria racial. Como o ativismo antirracista brasileiro passou a adotar a teoria do racismo estrutural como verdade absoluta e inquestionável sob pena de penalidades de excomunhão e humilhação pública, começou-se a difundir a ideia de que apenas pessoas brancas podem cometer crimes de ódio com motivação racial ou de procedência nacional. Então, casos como esse, no atual estado do debate público, são o que eu gosto de chamar como "coisa sem nome" (para lembrar a proposição da feminista americana Betty Friedan que cunhou o termo "problema sem nome" em sua clássica obra *A mística feminina*).

A "coisa sem nome" é, essencialmente, um produto do ativismo de terceira onda; nem sempre se pensou dessa forma. O primeiro governo Lula (2003-2006), através de sua Secretaria Especial de Direitos Humanos, publicou em 2004 uma cartilha intitulada "Politicamente Correto & Direitos Humanos"[1], que reunia definições de vários verbetes e sinalizava o porquê era errado utilizá-los. Veja o que diz o verbete "branquelo": *"Por incrível que pareça, existe no Brasil preconceito racial contra pessoas brancas. Mais fortemente, contra membros das colônias europeias no Sul do País. 'Branquelo' e 'branquelo azedo' são duas das expressões pejorativas contra os brancos."* O governo Lula, tido como caro aliado do movimento antirracista, fez uma publicação institucional reforçando a noção de racismo que existe entre os brasileiros: crime de discriminação contra pessoas em razão de sua cor de pele, independentemente de qual cor seja o racista ou sua vítima. A publicação, claro, foi feita durante a segunda onda do ativismo antirracista e eu duvido que seria replicada nos dias de hoje.

O comportamento dogmático do ativismo de terceira onda é tão irascível que McWorther decidiu dar um nome a seus ativistas: *"Os Eleitos"*, porque "eles realmente acham que são os portadores de um conhecimento que lhes é de direito por uma infinidade de motivos: talvez uma inclinação movida pela empatia, experiência de vida e até mesmo inteligência. Mas também se veem como os escolhidos, como pessoas que, por um ou mais desses fatores, compreendem algo que a maioria não entende." Em algum grau, lembra o que Thomas Sowell chamou de "ungidos"[2].

---

1 Referência: QUEIROZ, Antônio Carlos. **Politicamente correto e direitos humanos**. Brasília: SEDH, 2004. 88p.

2 Ver SOWELL, Thomas. **The Vision of the Anointed: self-congatulation as a basic for social policy**. Nova York: Basic Books, 1995.

A cartilha dogmática dos *"Eleitos"* toma de assalto a estrutura de religiões abraâmicas para desenvolver seu ativismo de forma implacável, pois há: **1) superstição**, que estabelece que a principal coisa a acreditar é ser antirracista e a principal coisa a fazer é denunciar o privilégio branco; **2) clero**, que é constituído por acadêmicos e intelectuais públicos dispostos a formular astutas e renovadas variações dos pontos cruciais apresentados na superstição; **3) pecado original**, que é o privilégio branco; **4) comportamento evangelizador**, que entende que todo negro que não pensa como *Os Eleitos* precisa ser imediatamente convertido e todo branco deve assumir seu privilégio, porque *"não basta não ser racista. É preciso ser antirracista"*, mas nos termos da doutrina; **5) apocalipse**, que, segundo a nada sagrada escritura dos Eleitos, haverá um Dia do Julgamento e o racismo será finalizado. Antes, contudo, é necessário conduzir toda a civilização por intensivos episódios de automortificação combinados com ativismo político aterrorizante, que levam à implosão de um valor muito precioso do Ocidente: a liberdade de pensamento.

A obra de McWother é fundamental para compreender o ativismo antirracista. O autor é um intelectual negro que está resistindo, de maneira exemplar e digna, ao silenciamento e à difamação promovida por ativistas antirracistas. Sua obra deve ser lida e divulgada por todos os brasileiros que reconhecem que o racismo é um problema sério que deve ser enfrentado por qualquer sociedade alicerçada em princípios liberais e que reconhecem, ainda, que a atual configuração do movimento antirracista causa mais males do que benefícios à sociedade. Agradeço à editora Faro pela coragem e compromisso em publicar um livro tão necessário.

PATRICIA SILVA

Pós-doutoranda em Sociologia pela UFRJ e autora
do livro *O que não te contaram sobre o movimento antirracista*

Prefácio

ntroduções compridas não fazem muito meu estilo. Mesmo assim, antes de começarmos, eu gostaria de dar ao leitor uma noção do que vem por aí.

Este livro não é um apelo para que pessoas de certa ideologia específica despertem para a importância de um mercado aberto de ideias, para que entendam o valor de discussões robustas e percebam a tolice de defenestrar gente com opiniões diferentes. Minha suposição é de que esse grupo em questão é altamente inalcançável por argumentos assim.

Pelo contrário, este livro é um apelo para o resto de nós, para quem entende que pessoas de certa ideologia estão tentando transformar o mundo com base no racismo. Elas não têm conhecimento disso e, quando são informadas, não conseguem admitir. E então a tarefa fica para o restante de nós.

Meus principais objetivos serão:

1. Argumentar que essa nova ideologia é, na realidade, uma religião em todos os aspectos menos no nome, e que isso explica a razão de algo tão destrutivo e incoerente ser tão atrativo para tanta gente boa.

2. Explicar o motivo de tantos negros serem atraídos para uma religião que nos trata como tolos.

3. Mostrar que essa religião é ativamente prejudicial para negros, apesar de ser vendida como um movimento "antirracista" sem igual.

4. Mostrar que um projeto pragmático, efetivo, liberal e até mesmo com um quê de ideologias de esquerda para resgatar a negritude não precisa ser fundado nos princípios dessa nova religião.

5. Sugerir formas de diminuir o apelo dessa nova religião em nossa cultura de massa.

Espero que minhas observações sirvam como uma de muitas contribuições para nosso debate a respeito do que constitui a tal "justiça social". Minha meta não é apenas atiçar aqueles que já concordam comigo. O que eu quero é alcançar aqueles em cima do muro, atraídos pela paixão e pela retórica dessas ideologias, mas incapazes de ignorar suas bússolas morais internas. Quero que eles se comprometam com convicção com o que eu procuro: ajudar a melhorar as coisas para pessoas de verdade.

O que este livro não é

Não precisamos nos preocupar com as objeções básicas que este livro sofrerá. Que eu descaracterizo e/ou desrespeito religião. Que estou simplificando demais. Que o verdadeiro problema é a direita militarizada. Que não sou negro o bastante para escrever este livro. Que não sou simpático, e por aí vai. Responderei a cada uma dessas questões conforme formos seguindo, e então oferecerei soluções genuínas. Mas primeiro, aqui vão algumas coisas que este livro não é:

1. Este livro não é um argumento contra protestos. Não estou argumentando contra as premissas básicas de movimentos como o Black Lives Matter [Vidas Negras Importam], muito embora eu discorde de certos desdobramentos. Não estou defendendo que os movimentos dos Direitos Civis (que aconteceram principalmente nos anos 1950 e 1960, nos Estados Unidos) teriam conquistado muito mais com negociações pacíficas. Não estou

argumentando contra a esquerda. Meu problema é com uma cepa em particular da esquerda que passou a exercer uma enorme influência em instituições governamentais ao ponto de estarmos começando a aceitar como normal o tipo de linguagem, medidas e ações que Orwell escrevia como ficção.

2. Não escrevo este livro pensando nos direitistas como meu público-alvo. Os membros desse grupo são bem-vindos para participar da conversa, mas são dois os segmentos da sociedade que tenho em mente. Ambos são o que considero meu povo, e é por isso que o que está acontecendo me preocupa tanto.

    Um deles é o público que lê jornais de grande circulação e escuta estações de rádio e que, na inocência, acabou com a impressão de que tratar a questão racial com uma virtude piedosa e não empírica é uma forma de engrandecimento moral e ativismo político a ponto de eles próprios viverem no risco de cometer racismo sem querer. Aqui, me referirei bastante a esse grupo como "brancos", mas eles podem ser de qualquer cor, inclusive da minha. É desse mundo que faço parte. Eu leio grandes jornais, tenho dois filhos e assisti a *Sideways — entre umas e outras*. Amei tanto *A escuta* quanto *Parks and Recreation*.

    O outro são os negros que inocentemente acabaram com a falsa impressão de que, apenas para nós, lamentos de fraqueza constituem algum tipo de força, e de que, apenas para nós, o que nos torna interessantes e espertos é uma persona fabricada de almas eternamente vitimizadas, sempre carregando e sendo definidas por memórias e feridas de nosso povo através de quatro séculos, sempre "ignorados", sempre "incompreendidos", sempre, em vários sentidos, com algo a receber.

3. Este não é apenas um livro de reclamações. Meu objetivo não é arriscar uma declaração nebulosa de que os supermilitantes dos dias de hoje precisam entender que a diversidade de opiniões é crucial para uma sociedade saudável. Citar John Stuart Mill para

essa gente não serve de nada. Nossas conversas atuais são um desperdício imenso de energia porque deixamos de lado o quanto é inútil "dialogar" com eles. De cem cristãos fundamentalistas, quantos você imagina que poderiam ser convencidos por meio de argumentos a virar ateus? Não existe motivo algum para que a quantidade de pessoas que poderiam ser convencidas a sair dessa outra religião seja maior.

Logo, nosso foco deve estar em como continuar seguindo com um processo genuíno *apesar* dessa ideologia. Como podemos contorná-la? Como isolar pessoas com boas ideias da influência de preocupações litúrgicas? Como impedir essa ideologia de exercer ainda mais influência na educação de nossos jovens do que já exerce? Como conduzir vidas socialmente benévolas em meio à necessidade de engajamento na doutrina religiosa desses indivíduos, apresentada com a seriedade e a insistência inexpugnável digna de colonizadores, quando praticamente nenhum deles compreende que está praticando religião, e não política?

Tendo dito isso, meu interesse não é "Como podemos atingir essas pessoas?", porque não podemos; pelo menos não numa quantidade delas que faça a diferença. A questão é: "Como viver com tranquilidade entre elas?". Buscamos uma mudança genuína no mundo real, mas durante esse processo teremos que lidar constantemente com os pregadores de um evangelho ávidos por expor hereges e prontos para, a qualquer momento, nos rotular como pervertidos morais.

Minha motivação visceral para escrever é o fato de que a ideologia em questão é uma crença na qual pessoas brancas se chamando de nossos salvadores fazem pessoas negras parecerem os seres humanos mais burros, fracos e autoindulgentes na história de nossa espécie, e ensinam pessoas negras a festejarem essa posição e celebrá-la como se fosse algo que nos fizesse especiais. O que mais me consterna é pensar nessa doutrinação afetando o senso de identidade de minhas filhas.

Não tenho como estar com elas o tempo todo, e essa ideologia anti-*humanista* é bem capaz de rastejar para dentro do currículo escolar. Sinto calafrios só de pensar nisto: professores com olhos reluzentes diante da chance de mostrar todo seu antirracismo e encher a cabeça de minhas meninas com showzinhos enquanto as instruem a respeito de como elas são símbolos, e não indivíduos. Em *Entre o mundo e eu*, Ta-Nehisi Coates quis ensinar ao filho que os Estados Unidos são contra ele. Pois eu quero ensinar para minhas crianças a realidade da vida no século XXI, e não como as coisas eram em meados dos anos 1900. Deus me livre de ver minhas filhas internalizando essa ideia patética (isso mesmo, completamente patética em todos os sentidos da palavra) de que o que as faz interessantes é o que os outros pensam ou deixam de pensar sobre elas.

Mesmo assim, muitos me verão como um traidor por escrever este livro mesmo sendo um homem negro. Não vão entender que, em minha visão, estou é prestando um serviço para meu povo. Uma das tragédias mais cruéis de como essa perversão sociopolítica nos faz pensar (ou não pensar) é que essa ideologia afastará muito mais do que alguns poucos leitores negros da compreensão de que este livro é um chamado, uma convocação para que eles sejam tratados com dignidade de verdade. Por outro lado, eles e todo o mundo precisam saber: *estou ciente de que há uma chance muito maior de que leitores brancos deem atenção para opiniões como essas caso sejam escritas por um negro, então considero nada menos do que meu dever como negro escrever este livro.*

Uma versão deste mesmo texto escrito por um autor branco seria considerada racista e alegremente descartada. Certa parte da audiência apontará que eu sinto ódio por mim mesmo, mas, sendo bem sincero, acho que falarão só da boca para fora. Qualquer um que ler até o fim verá que, independentemente de minhas características, ódio por mim ou vergonha de minha cor não faz parte delas. E sigamos em frente.

1

Que tipo de gente?

Verão de 2020. Estou aqui escrevendo este livro, e fico sabendo que Alison Roman, uma jornalista de gastronomia do *New York Times*, está cancelada. É de se perguntar o que uma colunista gastronômica poderia fazer para acabar temporariamente afastada de suas funções. O pecado de Roman foi ter criticado vagamente, numa entrevista, duas pessoas por comercialismo: a modelo e colunista gastronômica Chrissy Teigen e a *coach* de estilo de vida Marie Kondo. Roman foi atacada pela turba do Twitter por ter tido a audácia, como uma mulher branca, de criticar duas mulheres não brancas.

Teigen é meio branca e meio tailandesa, e Kondo, uma cidadã japonesa. Nenhuma das duas é o que tipicamente se considera pessoa não branca no que diz respeito à condição histórica e estruturalmente desprivilegiada. Mesmo assim, em 2020, o simples fato de uma moça branca criticar não apenas uma, mas duas (pelo visto, a pluralidade fez pender a balança) pessoas não brancas justificava a humilhação nas redes sociais e a impedia de trabalhar. Roman, como uma pessoa branca, estava supostamente depreciando pessoas "oprimidas" — leia-se duas mulheres muito ricas, bem-sucedidas e muitíssimo mais famosas do que ela. A branquitude dela sobrepujava tudo isso, foi o que nos disseram.

Roman, agora ciente desse tipo de acontecimento, engoliu em seco e, na declaração que emitiu, pediu desculpas e disse que havia refletido e percebido seu erro. Teigen chegou até a afirmar que achava que Roman não merecia as represálias. Mas não faz diferença — esse tipo de fúria, que assume um tom "antirracista", agora tem um poder supremo na moral pública, e por isso Roman merecia ser linchada diante de todos. Sua página na Wikipédia sempre incluirá um alerta do tamanho de um *outdoor* avisando que ela foi considerada racista, mesmo que a maior parte do país provavelmente nem ache que esse tratamento fosse merecido, e apesar de algo assim jamais ter chance de acontecer até bem poucos anos atrás. Depois, ela acabou saindo permanentemente do *Times*.

Que tipo de gente faz coisas assim? Por que essas pessoas não sofrem consequência alguma? Vamos deixar que continuem com isso?

* * *

No mesmo ano, Leslie Neal-Boylan permaneceu por apenas alguns meses como diretora do departamento de enfermagem da University of Massachussetts Lowell. O problema foi que, após pronunciamentos que varreram o país em decorrência do assassinato de George Floyd por policiais, a diretora Neal-Boylan teve a petulância de escrever este texto extremista e preconceituoso para seus colegas e funcionários:

> Escrevo para expressar minha preocupação e meu repúdio aos recentes (e antigos) atos de violência contra pessoas não brancas. O que aconteceu evoca uma história trágica de racismo e ódio que continua a prosperar neste país. Temo por nosso futuro como nação caso não nos posicionemos contra a violência a qualquer um. VIDAS NEGRAS IMPORTAM, mas, além disso, TODAS AS VIDAS IMPORTAM. Ninguém deveria viver com medo de se tornar alvo por sua aparência ou suas crenças.

Certo grupo decidiu interpretar que, ao dizer que "todas as vidas importam", Neal-Boylan concordava com aqueles contrários ao slogan "Vidas Negras Importam", como se o movimento BLM (Black Lives Matter) de certa forma afirmasse que vidas negras importam *mais*. No entanto, apenas alguém que não sabe ler muito bem extrairia essa interpretação. Ela começou a declaração lamentando a "história trágica de racismo e ódio", e não, não no sentido de que isso é algo que ficou no passado e que os negros precisam deixar para lá; porque ela também escreveu que o racismo e o ódio "continuam a prosperar neste país".

No entanto, já que o texto incluía as quatro palavras "todas as vidas importam", reportaram-na para os chefes, e sem demora ela foi demitida sem nem chance de se defender. Por que o e-mail de Leslie Neal-Boylan a transformava em alguém incapaz de supervisionar uma equipe dedicada a curar e confortar pessoas? Eis uma pergunta que qualquer criança se faria — assim como um viajante do tempo vindo de uma época tão recente quanto 2015. Mas, de alguma forma, os críticos de Neal-Boylan tinham essa autoridade.

Que tipo de gente faz coisas assim? Por que essas pessoas não sofrem consequência alguma? Vamos deixar que continuem com isso?

* * *

Também no mesmo ano, 2020, David Shor, analista de dados de uma progressista empresa de consultoria, perdeu o emprego. Ele havia publicado no Twitter um estudo feito por Omar Wasow, um professor negro de ciências políticas de uma prestigiosa universidade, que mostrava como os violentos protestos do movimento negro durante os longos e quentes verões do fim dos anos 1960 tinham mais propensão do que os não violentos de fazer os moradores locais votarem em candidatos de direita. A intenção de Shor não foi celebrar essa informação, mas disseminar os fatos como uma notícia nada agradável, uma realidade avidamente escondida pela imprensa libertária pouco antes.

Certos grupos do Twitter, porém, não gostaram de ver um homem branco postando algo que poderia ser considerado uma crítica aos protestos motivados pelo assassinato de George Floyd. A empresa não deixou passar batido e expulsou Shor.

Que tipo de gente faz coisas assim? Por que essas pessoas não sofrem consequência alguma? Vamos deixar que continuem com isso?

Que tipo de gente faz coisas assim?

Todos esses casos aconteceram por influência de um modo de pensar que podemos denominar como Terceira Onda Antirracista, um movimento cujos adeptos são mais comumente chamados de "guerreiros da justiça social" ou "lacradores".

É possível dividir o antirracismo em três ondas, mais ou menos como acontece com o feminismo. Nos Estados Unidos, por exemplo, a Primeira Onda Antirracista batalhou contra a escravidão e legalizou a segregação. A Segunda Onda Antirracista, nos anos 1970 e 1980, batalhou contra atitudes racistas e ensinou que ser racista é uma falha moral. A Terceira Onda Antirracista, que se popularizou nos anos 2010, ensina que, já que o racismo é uma parte intrínseca da sociedade, a "cumplicidade" das pessoas brancas é, por si só, racismo, ao passo que para pessoas negras tudo o que há para se fazer é lutar contra o racismo que as cerca e lidar com o preconceito de forma extremamente sensível, o que inclui uma suspensão no critério de conquistas pessoais e conduta.

Sob esse paradigma, todo aquele considerado insuficientemente consciente de que *existir como pessoa branca* carrega uma culpa eterna deve receber o ostracismo e a mais amarga das condenações. Isso chega a um nível tão obsessivo e abstrato que deixa a maior parte de quem vê tudo de fora tentando entender, pessoas mais à esquerda se perguntando quando e por que começaram a ser classificadas como retrógradas, e milhões de inocentes morrendo de medo de acabar na mira de uma inquisição zelosa que parece pairar sobre praticamente qualquer fala, ambição ou conquista na sociedade moderna.

Sim, pode ser que alguém se pergunte o motivo de eu considerar um problema tão grande que alguma colunista de gastronomia, diretora de faculdade ou analista de dados tenha a vida arruinada por esse movimento. Mas estou escrevendo a respeito de algo que não acontece apenas com alguns poucos azarados, mas que opera nos alicerces e no tecido da sociedade. Ninguém sabe quando ou como o proselitismo da Terceira Onda Antirracista poderá atingi-lo de repente.

É algo que está fazendo pessoas inocentes perderem o emprego. Que está afetando a pesquisa acadêmica, atrapalhando-a e, às vezes, até mesmo sufocando-a como uma erva daninha. É algo que nos obriga a transformar grande parte de nossas discussões públicas urgentes em discursos vazios que qualquer criança de dez anos consegue identificar como papo-furado. A esse respeito, Ibram X. Kendi, o guru da Terceira Onda Antirracista, escreveu um livro sobre como educar crianças antirracistas intitulado *Antiracist Baby*. Isso e várias outras coisas são um sinal de que a Terceira Onda Antirracista nos obriga a fingir que qualquer teatrinho é política, a passar incontáveis horas ouvindo baboseiras apresentadas como conhecimento, e a fingir que estamos gostando.

Muitos universitários e professores escrevem para mim e para meu parceiro de podcast, o economista Glenn Loury, com medo de que essa nova ideologia arruíne suas carreiras, seus departamentos ou campos de atuação, assim como para outras organizações também, e quase sempre usando e-mails particulares para evitar uma possível exposição por alguém das instituições para as quais trabalham. Pessoas em posições de poder estão constantemente sendo removidas de seus cargos por acusações e petições afirmando que elas não são antirracistas o suficiente. Conselhos de escolas por todo o país vêm forçando professores e administradores a perderem tempo incutindo antirracismo nos currículos, uma prática que faz tanto sentido quanto qualquer coisa proposta durante a Revolução Cultural Chinesa. Você sabia que ser objetivo, não se atrasar e a palavra escrita são coisas de "branco"? E sabia que se isso lhe parecer esquisito, então você faz parte da mesma laia de George Wallace, Bull Connor e David Duke?[1]

Em 2008, Christian Lander escreveu em *Stuff White People Like*, com seu humor ácido, que "ficar ofendidinho" é algo que certo tipo de "branco" gosta, junto com festivais de cinema e camisetas *vintage*.

---

1 George Corley Wallace Jr. foi um político estadunidense, governador do Alabama e candidato à presidência em 1968. Membro do Partido Democrata, ele é mais lembrado por suas convicções segregacionistas e populistas. Theophilus Eugene "Bull" Connor foi um político americano que serviu como Comissário de Segurança Pública da cidade de Birmingham, Alabama, por mais de duas décadas. Membro do Partido Democrata, ele se opôs fortemente ao Movimento dos Direitos Civis na década de 1960. David Ernest Duke é um supremacista branco, libelo antissemita, político de extrema direita, criminoso condenado e antigo Grand Wizard dos Cavaleiros da Ku Klux Klan americana. De 1989 a 1992, ele foi um membro da Câmara dos Representantes de Luisiana pelo Partido Republicano.

Pouco mais de uma década depois, lê-se esse mesmo capítulo com medo de que o tipo de pessoa a quem Lander se referia dê uma espiadinha, veja o que está escrito e comece uma palestra irritadíssima a respeito de como não há nada de engraçado nas tentativas de desmantelar a supremacia branca e a "cumplicidade" de todos os brancos com essa questão. Se Lander escrevesse aquele livro hoje, provavelmente não incluiria a tal piada, o que já é um indício da gravidade do que existe por aí e que só percebemos há pouco tempo. Uma enorme parte do público a que ele se dirigia já não se orgulha mais discretamente de como é esclarecida por saber que certas coisas são ofensivas, mas agora enxerga como um dever escorraçar e excluir aqueles que não compartilham desse mesmo nível de sensibilidade.

Para alguns, tudo isso pode parecer algo tão simples quanto uma questão de boas maneiras e educação. Mas a Terceira Onda Antirracista também prejudica diretamente os negros em nome de seus impulsos norteadores. A Terceira Onda Antirracista insiste que é "racista" o fato de que os garotos negros são maioria nos dados de jovens suspensos ou expulsos de escolas por violência, o que, analisando de um ponto de vista político, está documentado como o motivo pelo qual a violência persiste nos colégios e reduz as notas dos alunos. A Terceira Onda Antirracista insiste que é "racista" o fato de que há poucos jovens negros nas escolas de Nova York que exigem boa performance em testes padronizados de admissão, e pedem para que essas provas sejam erradicadas, e não para que direcionemos os alunos negros para alternativas (muitas delas gratuitas) em que é possível praticar o questionário e restabeleçamos programas que enviaram alunos negros superdotados para essas mesmas escolas pouco tempo atrás. Que isso resultará numa educação inferior nas escolas e em alunos negros menos preparados para exercitar a capacidade mental exigida pelos testes que encontrarão mais para a frente é irrelevante.

A Terceira Onda Antirracista, imersa nessa hipersimplificação do que o racismo é e do que deve ser feito a respeito dele, não se importa de prejudicar pessoas negras em nome de algo que só podemos chamar de dogma.

Por exemplo, a Terceira Onda Antirracista é profundamente movimentada por princípios que, escritos sem rodeios e contestados por argumentos simples, não se sustentam:

1. Quando um negro disser que você o ofendeu, peça desculpas com extrema sinceridade e remorso.	Não delegue a um negro a responsabilidade pelo perdão que você espera receber. Ele já lidou com muitas coisas para passar por isso.
2. Não deduza que todos os negros, ou até mesmo a maioria deles, gostam de hip-hop, dançam bem e por aí vai. Pessoas negras são um conglomerado de indivíduos independentes. "Cultura negra" é um código para "costumes de gente pobre e primitiva".	Não espere que os negros se igualem às normais sociais "brancas", porque eles têm sua própria cultura.
3. Ficar em silêncio diante do racismo é uma forma de violência.	Faça com que a voz dos oprimidos seja mais alta do que a sua.
4. Você deve se esforçar eternamente para entender as vivências das pessoas negras.	Você nunca entenderá o que é ser um negro, e se acha que entende, então é racista.

5. Demonstre interesse pelo multiculturalismo.	Não cometa apropriação cultural. Você não tem direito ao que não compõe sua cultura, portanto, é melhor não experimentar, nem fazer.
6. Apoie negros a terem seus próprios espaços e fique de fora deles.	Procure ter amigos negros. Se não tem nenhum, você é racista. E se falar que tem, é bom que sejam amigos de verdade, já que você está ocupando espaços pessoais deles em que não deveria entrar.
7. Quando brancos se mudam de bairros com maioria negra, é evasão branca.	Brancos se mudando para bairros de maioria negra é gentrificação, mesmo que estejam pagando generosamente aos proprietários negros do imóvel.
8. Se você é branco e namora só pessoas brancas, é racista.	Se você é uma pessoa branca e namora uma pessoa negra, então está, mesmo que inconscientemente, exotizando um "outro".
9. Os negros não podem levar a culpa por tudo o que cada negro faz.	Todos os brancos devem reconhecer sua culpa pessoal na maldade cometida pela "branquitude" no decorrer da história.

10. Alunos negros devem ser aceitos em escolas através de cotas e políticas sociais para garantir um número representativo e fomentar visões plurais nas salas de aula.	É racista deduzir que um aluno negro entrou em certa escola via cotas, e é racista esperar que ele represente pontos de vista "diversos" nas discussões em sala de aula.

Suspeito que, lá no fundo, a maioria saiba que nada nesse Catecismo de Contradições faz sentido algum. O que é menos óbvio é que nada disso foi composto pensando em lógica.

A ideia é encontrar um equilíbrio entre os extremos? Mas acontece que as pessoas promulgando essa ladainha racial jamais permitiriam que isso acontecesse. Uma forma de sabermos disso é que, ao longo de várias décadas, os propagadores nunca o fizeram. A outra forma é mais direta: simplesmente não existe um "meio-termo" lógico a ser encontrado entre essas opções. Ninguém conseguiria desempenhar qualquer um dos pares delas ao mesmo tempo.

E por que tantas pessoas sábias elevam esses dogmas ao nível de sabedoria? A razão não tem como ser lógica, porque não é possível encontrar lógica nessa questão. O motivo é que esses dogmas servem a um propósito diferente daquele a que supostamente deveriam servir.

No caso, cada componente por si só serve para condenar os brancos como racistas. Pedir desculpas evidencia o racismo da pessoa; recusar-se a pedir desculpa também evidencia racismo. Não se interessar por programas de TV sobre a cultura negra evidencia racismo; meter-se na cultura negra e decidir que você também quer fazer rap ou usar *dreads* evidencia seu racismo da mesma forma. A revelação do racismo é, por si só, o objetivo, a intenção desse tipo de conteúdo. E como tal, o fato de que, se pensarmos um pouco, os dogmas se anulam mutuamente é considerado trivial. Que eles sirvam para seu verdadeiro objetivo de revelar as pessoas como intolerantes é primordial — e até, digamos, sagrado.

Esses princípios servem especificamente ao propósito de manifestar o polo central, o grito de guerra guia, da religião da Terceira Onda Antirracista. Isso raramente é dito em alto e bom som, mas com certeza direciona a perspectiva de seus adeptos quanto à existência e à moralidade.

Por excelência, o lema da Terceira Onda Antirracista seria o seguinte:

> Batalhar contra as relações de poder e seus efeitos discriminatórios deve ser o principal foco de toda diligência humana, seja ela intelectual, moral, cívica ou artística. Quem resistir, ou até mesmo demonstrar uma adesão insuficiente a essa ideia, deve ser firmemente condenado, proibido de exercer influências e ostracizado.

Esse foco rígido em batalhar ideais diferentes através do poder pode parecer uma perspectiva estranhamente específica. Claro, sabe-se que há quem abuse do poder para criar sofrimentos sem fim. Uma sociedade esclarecida deve sempre lidar com esse fato e tentar mudá-lo. Por outro lado, levando em consideração os milhões de outras coisas que constituem a vida e as diligências humanas, impor que desmantelar o desequilíbrio nas dinâmicas de poder deve ser o *objetivo principal de todo e qualquer empreendimento no que chamamos de vida* é um posicionamento radical.

Comecei a deparar com essa visão de mundo no início de minha carreira acadêmica, e demorei bastante para perceber que os vários conflitos que eu encontrava em meu trabalho com linguística (e raças também) eram variações do mesmo problema. As ciências humanas e sociais na academia há um bom tempo têm abrigado muita gente que vê como meta de suas disciplinas a Luta contra o Poder. Lembro-me da primeira vez que presenciei algo assim, quando uma aluna deu uma palestra a respeito de *Minha Bela Dama* (*My Fair Lady*, no título original) na qual destacou como Higgins fala mais do que Eliza e, logo, detém o poder da narrativa. *Quem está falando?*, ela nos ensinou a perguntar. Esta perspectiva é certa, claro, mas parte de mim não conseguia entender direito a insinuação geral de que saborear a música e o humor de *Minha Bela Dama* é ser enganado, que alguém esclarecido desprezaria a obra como a história de uma mulher de classe baixa brutalmente reprimida por um velhusco intimidante e culto.

Todavia, naquela época, esse tipo de análise era uma visão da minoria. Jornalistas alarmistas retratavam os *campi* de faculdade como lugares tomados por professores radicais, mas era exagero. Na época, esse tipo de ideologia era um de muitos pratos que as pessoas experimentavam no bufê da universidade. O problema é que, hoje, esse modo de pensar redutivo, acusatório e, em última análise, desprovido de alegria está, na verdade, tomando conta não apenas da cultura universitária, mas da cultura de um modo geral.

Em todo caso, uma das maiores disparidades de poder da nossa sociedade é a condicionada pelo racismo. É esse comprometimento religioso no melhor estilo Salem a "combatê-lo" que fez as excomunhões de Alison Roman, Leslie Neal-Boylan e David Shor parecerem lógicas para tanta gente perfeitamente sã.

Claro, o Catecismo de Contradições da "questão racial" não faz sentido algum, mas, por outro lado, a Bíblia também não faz. Para a Terceira Onda Antirracista, o que nossa sociedade deve fazer acima de tudo é tachar os brancos como racistas e demonstrar que sabemos que eles são racistas. Qualquer dissonância cognitiva que isso gere não é "o que precisa entrar em pauta", porque o antirracismo é tudo — *quer tenha lógica, quer não.*

Por que essas pessoas não sofrem consequência alguma?

As afirmações e exigências da Terceira Onda Antirracista, a distância, parecem uma performance excêntrica de gente que queria não ter perdido o final dos anos 1960, de pessoas se martirizando por tanto do esforço básico já ter sido feito. Em meio à busca furiosa por justiça e por um senso acalentador de propósito e de comunidade, seus exageros e até mesmo suas falácias se tornam inevitáveis, porque as circunstâncias reais simplesmente não justificam as atitudes e estratégias de 1967.

Num universo alternativo, essa gente seria tão importante quanto os Yippies[2] foram nos Estados Unidos, com a maconha na "bandeira", tentando fazer o Pentágono levitar e jogando torta na cara das pessoas. Eles eram um movimento marginal que conseguia atrair olhares por um momento e às vezes até chamar atenção para alguma questão. Mas não tinham importância alguma no grande esquema das coisas, o que fazia sentido. A diferença é que a Terceira Onda Antirracista dos dias de hoje tem uma arma específica em seu arsenal que lhe empresta um poder descomunal e muito mais impactante do que uma torta.

Ironicamente, a arma é tão letal por causa da genuína e inestimável mudança que ocorreu em nosso tecido sociopolítico no decorrer das últimas décadas. Essa mudança é que, para o indivíduo moderno, ser chamado de racista é quase o mesmo que ser chamado de pedófilo. Muitos lutaram para que fosse assim, e poucos de nós iriam querer que não tivesse sido desse modo. Mas o problema é que a Terceira Onda Antirracista agora está surfando nessa onda. Uma parte essencial do kit de ferramentas dos militantes desse movimento é chamar quem discorde deles de racista, ou então o mais importante termo do momento: "supremacistas brancos". De algum jeito, esse tipo de denúncia consegue perdurar. Aprendemos que negar é confirmar. Depois de a acusação ser lançada, é como ficar preso nos tentáculos de um polvo gigante. A torta, pelo menos, é possível limpar do rosto.

Não precisamos supor que a Terceira Onda Antirracista faz isso de forma cínica para acumular poder. É só olhar ou escutar aquele membro da família, vizinho ou colega de trabalho que sabemos que pensa assim e se perguntar se ele realmente dá algum indício de ser ávido por poder. A Terceira Onda Antirracista genuinamente tem repulsa pelo racismo, assim como a maioria de nós. Seus militantes também buscam muito mais em nome dessa questão que parece

---

2   O Partido Internacional da Juventude (*Youth International Party*), cujos membros eram comumente chamados de Yippies, foi um grupo americano revolucionário e contracultural, desdobramento dos movimentos de liberdade de expressão e antiguerra dos anos 1960.

desesperadamente impraticável, idealista ou só cruel mesmo. Mas em nossas condições atuais, a fragilidade do que defendem não é algo que os atrapalhe. E isso porque eles podem a qualquer momento chamar alguém de racista (e de fato chamam).

E para quase todo o mundo, ser tachado de racista atualmente é tão intolerável que qualquer um preferiria encarar um pouco de dissonância cognitiva e baixar a cabeça. Isso não teria funcionado em, digamos, 1967. Naquele tempo, muitos brancos chamados de racistas por esse tipo de pessoa iriam simplesmente tomar um gole de sua bebida e dizer: "Acho que não, hein!". Ou até mesmo: "Vá se ferrar!". Hoje — e ironicamente devido ao progresso —, as coisas estão diferentes. Agora quase todos chegam a se encolher de desespero diante da possibilidade de serem expostos como intolerantes. Logo, por estar sempre pronta para gritar "racista!" em qualquer lugar, a Terceira Onda Antirracista nos supera apenas com essa arma, e nada mais. Mesmo que a filosofia de seus adeptos, em geral, esteja longe de ser essa perfeição sagrada que eles insistem em dizer que é, tudo o que podem e vão fazer para defendê-la nos deixa apavorados e trêmulos. E é assim que eles ganham.

As pessoas empunhando essa ideologia e assistindo a sua influência se espalhar cada vez mais se encontram sob a genuína impressão de que estão moldando o progresso, de que a razão e a modalidade estão florescendo. Acontece que a sociedade vem mudando não por causa de um crescente consenso na sofisticação moral. O que está acontecendo é muito mais rudimentar: a sociedade está mudando por medo... o medo de uma criança encolhida diante da ameaça de um tapa dos pais bravos, de um servo acovardado perante a ameaça de uma chicotada. Os pronunciamentos de solidariedade vindos de aparentemente todas as organizações institucionais, as *selfies* nas redes sociais de pessoas "fazendo sua parte" ao ler *Fragilidade branca*, qualquer um que finja ponderar sobre a ideia de que a ciência precisa dar um passo para trás e diminuir a exigência de raciocínios rigorosos para "se abrir" a perspectivas mais "diversas" — tudo isso é resultado não de uma evolução, mas de puro terror. Viramos uma nação de gente esperta afirmando que "entende" enquanto se mija nas calças.

Não é bonito, mas é a realidade. A Terceira Onda Antirracista explora o medo da sociedade moderna de ser considerada racista para promulgar não apenas o antirracista, mas um tipo de reprogramação cultural obsessivo, egoísta, totalitário e absolutamente desnecessário. É possível perdoar quem pense que esse teatrinho é uma continuação dos esforços do movimento dos Direitos Civis de outrora, o único tipo de antirracismo que poderia existir. Seus adeptos, agora situados nas mais prestigiosas e influentes instituições do planeta, pregam com uma indignação tão desdenhosa que, em seus melhores dias, podem parecer muito "corretos".

Vamos deixar que continuem com isso?

A pergunta é: vamos nos submeter e pagar para ver? Ou deixaremos claro que a concepção dessa gente de uma "branquitude" alienígena, maldosa e sangrenta, de sua concepção simplista do que significa ser "negro", no cruel "nós *versus* eles" com que acham que a sociedade funciona, como se ainda fôssemos bandos de australopitecos rivais, é terrivelmente semelhante às noções de raça defendidas por Hitler?

* * *

MUITAS RESENHAS IRÃO CONSIDERAR QUE ESTE LIVRO aborda algo pouco importante. Mas se isso for verdade, por que você o está lendo? E a resposta é a seguinte: essa religião começou a te enlouquecer, e agora você quer saber o que diabos é esse movimento e o que fazer a respeito.

Você entende a Primeira Onda Antirracista e considera a segregação uma barbárie ancestral.

E é isso mesmo.

Você entende a Segunda Onda Antirracista — que mais ou menos equivale ao que Gloria Steinem e Betty Friedan fizeram pelo feminismo — e acredita que todos devemos nos esforçar de verdade para ver os negros com igualdade e entender que eles merecem tudo o que os brancos recebem.

E é isso mesmo.

Você vê a Terceira Onda Antirracista dizendo que pessoas comuns são moralmente obrigadas a compreender afirmações que antigamente eram consideradas progressivas, como "não vejo a cor", como racista. Que se você for branco, é sua obrigação se menosprezar e se considerar manchado pelo "privilégio branco" em tudo o que fizer. Que você deve aceitar até mesmo alegações de racismo vindas de negros mesmo que não faça sentido algum, ou então, se você for negro, é obrigado a fingir que tais alegações são sacrossantas porque a opressão é a essência de sua vida.

Não importa qual seja a sua cor; em nome do reconhecimento do "poder" é preciso dividir o povo em classes raciais, do mesmíssimo jeito que a Primeira e a Segunda Onda Antirracista ensinaram a não fazer. Essa divisão persiste, impregnando a educação de seus filhos e netos, apesar dos notáveis avanços no combate ao racismo nas últimas cinco décadas. Até mesmo um segregacionista fervoroso do passado, se fosse ressuscitado e conduzido pelo mundo moderno afora *mesmo nos recantos mais tradicionais, teria dificuldade em conter seu desgosto e sentiria vontade de parar à beira da estrada e vomitar diante do que teria diante de si.*

E, mais uma vez, *é isso mesmo.*

Você se pergunta o que será essa nova coisa que é preciso reverenciar nas reuniões de pais e professores, ou quando abre sites que antes eram suas fontes favoritas, ou quando escuta as chamadas dos ouvintes na rádio, ou quando se inscreve no "treinamento de diversidade" no trabalho que não leva a nada a não ser à repetição de mantras vazios, ou quando se mantém calado se alguém em algum evento agradável com você e seus filhos casualmente detona algum autor com o qual você sempre concordou.

Tudo isso incomoda como um cílio preso atrás de uma lente de contato. Eles insistem que autoflagelo é ativismo político — *errado.* Insistem que ser negro não é nada além de uma constante opressão vinda do homem branco — *errado.* Que pessoas negras, como um povo, trabalham sob a ameaça de voltarem a ficar sem seus direitos porque os Republicanos tentam fazer com que os negros votem menos para reduzir os resultados dos Democratas, apesar de as mulheres negras terem sido fundamentais para a eleição de Joe Biden para presidente dos Estados Unidos, juntamente com uma vice-presidente negra. *Errado.* E mesmo assim, quem se arrisca a qualquer questionamento ainda que genuíno é tachado como racista nas redes sociais.

Você, negro ou não, não está fora de si por perceber que esse papo-furado perfumado não se sustenta. E seu trabalho é aprender a tapar os ouvidos contra o que parece um jiu-jítsu verbal vindo daqueles cujo senso de importância tem como alicerce negar a razão e ensinar pessoas que já passaram por coisas o bastante a construírem identidades em torno de um senso estudado de vitimização.

Claro, eles dizem que estão atrás de "justiça social" e, com isso, afirmam que o restante de nós está resistindo à justiça social. Mas não se engane. Eles usam esse termo para se referir a uma definição própria muito específica e questionável do que a justiça social é, e, dessa forma, nos perguntar se somos "contra a justiça social" se qualifica como uma jogada baixa do mesmo nível de questionar um homem se ele "continua batendo na mulher".

*   *   *

PRECISAREMOS DE UM RÓTULO MAIS CERTEIRO PARA esses indivíduos problemáticos. Não os chamarei de "guerreiros da justiça social". Esse e outros títulos como "lacradores" tiram a seriedade dos assuntos. Uma das ideias que quero conseguir transmitir com este livro é que a maioria dessas pessoas não é fanática. Elas são, num geral, pessoas boas. Seu vizinho, seu amigo e possivelmente até mesmo seus filhos. São diretores de escola simpáticos, funcionários de editoras discretos, amigos advogados. Ávidos leitores, bons cozinheiros, músicos. A questão é que, infelizmente, eles se transformam, apenas no que diz respeito a esta pequena e impactante gama de questões, em inquisidores.

Pensei em chamá-los de Inquisidores. Mas seria cruel demais. E não tenho interesse em crueldade; quero me afastar dessa gente para que possamos seguir em frente de verdade. O que eu quis fazer foi uma metáfora precisa — essa ideologia impede diretamente o progresso.

O autor e ensaísta Joseph Bottum encontrou um termo adequado que adotarei aqui: vamos chamar essas pessoas de Eleitos. Eles realmente acham que são os portadores de um conhecimento que lhes é de direito por uma infinidade de motivos: talvez uma inclinação movida pela empatia, experiência de vida e até mesmo inteligência. Mas também se veem como os escolhidos, como pessoas que, por um ou mais desses fatores, compreendem algo que a maioria não entende. "Os Eleitos" serve para insinuar certa presunção, o que, infelizmente, é uma representação precisa. E também desafia as pessoas em questão a pensarem se elas realmente se veem como superiores nesse quesito. Claro, a maioria resistirá à acusação. Porém, com ela pairando por aí e vertendo ironia, talvez esses indivíduos se sintam motivados a mostrar o contrário, o que, com o tempo, talvez condicione pelo menos alguns a ponderar sobre os excessos dessa filosofia — assim como depois dos anos 1980 muitos começaram a deixar de se identificar como sendo "politicamente corretos demais".

Todavia, acima de tudo, denominar essas pessoas como Eleitos infere certo ar de antiguidade, como algo do tipo *O Código Da Vinci*. O que é apropriado, já que a visão que eles consideram, de fato, sagrada é diretamente equivalente às visões nas quais as pessoas séculos antes de nós acreditavam tão fervorosamente quanto os Eleitos de hoje. A Igreja Católica medieval defendia com ardor a perseguição de judeus e muçulmanos por razões que hoje em dia compreendemos estarem enraizadas em facetas inferiores do ato de ser humano. Espontaneamente "excluímos" esses inquisidores do passado, mas aqui e agora deparamos com gente que nutre missões exatamente assim, só que contra pessoas diferentes.

Em 1500, o problema era não ser cristão. Em 2020, é não ser antirracista o *suficiente*, com adendos que supõem que essa ideia é uma causa mais intelectual e moralmente avançada do que a antipatia por alguém que seja católico, judeu ou muçulmano. Eles não percebem que estão também perseguindo as pessoas que não aderem à sua religião.

Alguns exemplos de como usaremos esse termo:

Quem nos confunde e machuca são *os Eleitos*.

Quem nos ameaça é *um Eleito*.

Temos que aprender a identificar se alguém é *Eleito*. Será que ele é *Eleito*?

Ele disse algo típico dos *Eleitos*? Fique atento, e se ele disser mais coisas no estilo *Eleito*, afaste-se.

Ele bancou o *Eleito* para cima de mim.

Aquela gente estava metida com esse papo de *Eleito*.

O "eleiticismo", é claro, manifesta-se em diferentes graus. Há ideólogos Eleitos particularmente abusivos. Alguns se sentem confortáveis desmoralizando os outros pessoalmente, ao passo que há aqueles que restringem praticamente toda a maldade às redes sociais. Há ainda os Eleitos que não são ativamente cruéis, mas se sentem confortáveis com as máximas do movimento, fundaram suas perspectivas sociopolíticas com firmeza sobre elas e têm dificuldade em se sentir à vontade para interagir socialmente com pessoas que discordem. Eles abertamente permitem que os Eleitos abusivos operem com liberdade, e veem essa conduta como uma contrariedade talvez necessária para a meta de iluminação da sociedade em geral.

Neste livro, não desejo insinuar que os Eleitos são todos abusivos; a grande maioria não é. Este é um modo de ser que existe em todas as variações do temperamento humano, e não um fanatismo. Fundamentalistas esperam que suas Boas Novas alcancem o mundo inteiro algum dia, mas englobam todos os tipos de identidade, assim como todos os cristãos, muçulmanos e demais denominações. Logo, não devemos imaginar que o Eleito é o típico militante. É de se esperar que sejam também indivíduos de sorrisos discretos e doces com algumas crianças, gente que nunca imaginaríamos fazer parte de algo extremista, não empírico e tribalista. Podem até também tocar ukulelê enquanto cantam músicas de Odetta e bebericam uísque. E ainda assim, essa mesma pessoa, sem hesitar, assinará uma carta exigindo a demissão ou a humilhação pública de alguém que contrariou a doutrina dos Eleitos.

Por isso, ao trabalhar com os Eleitos, não podemos ficar atentos apenas aos raivosos. O desafio é exatamente este: eles não são mais insistentes, arrogantes ou socialmente inaptos do que qualquer um — são apenas pessoas. O problema é o nível de influência que seus adeptos mais hostis passaram a ter sobre os outros devotos menos barulhentos, mas igualmente fervorosos, cuja quantidade crescente e cujos intimidantes termos principais têm o efeito de silenciar quem enxerga essa filosofia como falha, mas não se posiciona em nome daqueles sendo atacados. Os Eleitos estão, em sua grande diversidade, roubando e oprimindo tudo e todos. Isso tem de acabar.

Vamos ouvir que este é um livro "contra o antirracismo" e, logo, racista (e aí vêm os punhos cerrados). Mas, como a maioria de nós é capaz de ver, existe uma diferença entre ser antirracista e ser antirracista de forma hostil: um envolve apedrejar pessoas por coisas que há dez anos seriam consideradas ofensas insignificantes ou até mesmo nada; defender políticas que prejudicam os negros contanto que, ao apoiá-los, você pareça ter ciência de que o racismo existe; fingir que não houve nenhum progresso de verdade quanto ao racismo e, em segredo, quase esperar que não haja, porque isso o privaria da sensação de ter um propósito. Precisamos compreender tais pessoas como adeptas de uma seita chamada os Eleitos.

Sendo mais direto:

> *Que tipo de gente faz coisas assim?* Fundamentalistas religiosos.
> *Por que essas pessoas nunca sofrem consequência nenhuma?* Porque temos medo de nos chamarem de hereges em praça pública.
> *Vamos deixar que continuem com isso?* Se quisermos evitar que nossa cultura intelectual, moral e artística seja estrangulada por algo que não é uma questão sociopolítica, mas sim uma religião, não. Os Eleitos estão operando nos alicerces de uma nova religião que emerge diante de nós. O próximo capítulo abordará esse tópico com mais profundidade.

Não dê atenção a quem diz que essa religião não é importante. Não se engane: essas pessoas estão vindo atrás de seus filhos.

2

A nova religião

Uma coisa precisa ficar clara: não quero dizer que a ideologia dessa gente é "como" uma religião. Não procuro nenhuma retórica apressada nessa comparação. Quero dizer que esse movimento é uma religião de verdade. Um antropólogo não veria diferença entre o pentecostalismo e essa nova forma de antirracismo. A linguagem é sempre imprecisa, e por isso nos acostumamos a restringir o termo *religião* a certas ideologias fundadas em mitos da criação, guiadas por textos antigos e que exigem que seus fiéis aceitem certas crenças que vão para além do que a experiência empírica é capaz de alcançar. Mas esse costume é um acidente, assim como o fato de que chamamos tomates de legumes e não de frutas. Se rebobinássemos a fita, a palavra *religião* poderia facilmente ser aplicada a formas de pensar mais recentes dentro das quais não há uma exigência explícita de que se aceitem crenças não empíricas, mesmo que, quando analisada, a escola de pensamento acabe se revelando, sim, comprometida com tais crenças. Uma delas é essa versão extremista do antirracismo atual.

Com o levante da Terceira Onda Antirracista, estamos testemunhando o nascimento de uma nova religião, assim como os romanos testemunharam o surgimento do cristianismo. Para deixarmos de ver os Eleitos como nada além de "loucos", temos que compreendê-los como uma nova religião. E não é pelo mais profundo escárnio que os vemos dessa forma, mas sim para genuinamente entendermos o que eles são.

A forte resistência dessas pessoas contra essa insinuação é algo que desencoraja uma percepção geral deles dessa forma. E isso é compreensível. Os primeiros cristãos também não se consideravam "uma religião". Eles se consideravam os estandartes da verdade, o contraste de qualquer outro sistema de crenças, independentemente de como escolhessem se chamar. Além do mais, nos tempos de hoje, os Eleitos não receberiam bem essa denominação porque não é assim que se intitulam e porque costumam associar a devoção religiosa com o retrógrado. O que também implica que eles não pensam por si mesmos.

Contudo, por mais compreensíveis que sejam as objeções deles, não devemos deixar que nos distraiam enquanto arregaçamos as mangas e moldamos um modo de viver entre pessoas permanentemente devotas a essa nova religião — sim, religião. Essa resistência não enxergará o que está em jogo, que não tem tanto a ver com os Eleitos como indivíduos, mas sim com a forma como compreendemos seu modo de pensar, que, visto de fora, parece tão obsessivo e nocivo. Para entendermos essa questão, temos que entendê-los como pessoas — em parte por compaixão e em parte para evitar que eles destruam nossa vida. E isso só poderá acontecer se os encararmos não como doidos, mas como paroquianos.

Para tal, devemos examinar as formas com que essa nova religião se assemelha com crenças mais antigas. Assim poderemos transformar uma coisa que parece um emaranhado de opiniões e atitudes em algo até bem coerente.

Os Eleitos têm crenças infundadas

É algo intrínseco às religiões, entre vários outros princípios e obrigações, esperar que os fiéis se disponham a suspender algumas descrenças.

Certas perguntas não devem ser feitas ou, caso sejam, devem vir carregadas de muita educação. A resposta, mesmo que seja algo sem sentido, deve ser aceita. Os cristãos podem perguntar por que a Bíblia se contradiz tanto, ou por que Deus permite que coisas tão terríveis aconteçam. Mas, mesmo assim, faz dois milênios que ninguém é capaz de oferecer uma resposta definitiva, e o ponto principal é este: as pessoas acreditam.

Os fiéis internalizam uma etiqueta que impõe que os questionamentos terminam aí. Que esses pontos devem ser classificados como "profundos". Uma forma de racionalizar essas problemáticas é presumir que perguntas relevantes "sempre levam a mais perguntas".

A filosofia dos Eleitos exige o mesmo ponto de vista. Não se deve perguntar "por que os negros estão tão preocupados com a morte de um homem negro causada por um policial branco quando homens negros correm muito mais risco de serem assassinados uns pelos outros?". Talvez alguém até chegue a perguntar, mas receberá apenas respostas fracas depois de deixarem bem claro que mais questionamentos não serão bem-vindos. Mas qualquer um sabe que a revolta contra policiais brancos é algo muito, muito mais amplo. Depois de março, todo o ano de 2020 se resumiu ao ultraje contra policiais brancos. Acontece que ninguém em 2020 se preocupou com a aflição das comunidades negras onde seus filhos, sobrinhos e primos matavam uns aos outros, seguindo uma tendência que despontou em bairros de negros em todo o território dos Estados Unidos no verão de 2020, assim como em incontáveis verões anteriores.

Existe uma resposta de verdade? Você ouvirá que homens negros estão matando uns aos outros dentro de uma "estrutura" racista. Mas, como alguém inteligente, você sabe que essa afirmação não é uma resposta válida. Um jeito elegante de descrever a situação é o seguinte: existe uma diferença entre ser assassinado por outro cidadão e por uma figura da autoridade estatal. Mas isso por acaso significa que "não é tão ruim se é algo que nós fazemos a nós mesmos"?

A essa altura, não receberemos nada além de um revirar de olhos. Essa pergunta simplesmente não deve ser feita, e as pessoas podem ser bem explícitas quanto a isso. Por exemplo, na "conversa" referente à raça que esse povo vive dizendo que precisamos ter, a ideia nas entrelinhas é de os negros vão dar voz a suas queixas e os brancos ouvirão. "Ah, não, nada disso, você está nos demonizando", contestam os Eleitos quando caracterizamos suas conversas dessa forma, mas eles são incapazes de detalhar uma única coisa que talvez aprendam nessas mesmas conversas, em oposição ao que nós, os bárbaros (ler abaixo), talvez absorvamos. Em vez disso, assim como os cristãos talvez ouçam que o importante é ter fé, os Eleitos aprendem que o importante é não ser racista, independentemente das implicações de suas crenças para as pessoas por quem eles supostamente lutam.

Ou então nos dizem que o principal motivo de reajustar os padrões para a entrada no ensino superior é fomentar a diversidade para que alunos "diversos" possam contribuir com suas perspectivas em sala de aula. Mas então os tais estudantes "diversos" vivem dizendo que odeiam ser responsáveis por representar essa visão "diversa". A resposta dos Eleitos para essa questão? Classificar essa expectativa como "racismo" por si só, mesmo que isso *derrube uma das principais justificativas para as cotas raciais*. Pergunte isso com mais afinco e então dirão que você simplesmente "não entende". Ou seja, é melhor que aceitemos essas problemáticas como perguntas que sempre levarão a mais perguntas — e, depois de um certo ponto, parar de fazê-las.

Na realidade, o que você "não entende" em sua jornada para extrair lógica de posicionamentos incoerentes como esses é que, para os Eleitos, a batalha contra o racismo só pode ser questionada de formas que reforcem a ideia de que eles estão corretos — *mesmo que isso custe o bom senso básico*. Isso é uma crença infundada. Zombamos dessa mentalidade redutiva quando lemos sobre os bolcheviques e Stálin um século atrás em fotos em preto e branco, mas timidamente permitimos que se torne um novo paradigma quando feito por negros no YouTube na semana anterior.

No que concerne a religiões, isso tudo é muito abraâmico. *Muçulmano, islâmico* — o núcleo dessas palavras em árabe é formado pelas consoantes *s-l-m*, que constituem o conceito de submissão. O fiel é submisso não apenas a um deus. A suspensão da descrença também é um tipo de submissão. Não por acidente muitos dos Eleitos brancos levantam as mãos espontaneamente para indicar que entendem que carregam o "privilégio branco". Pense nessa gente afirmando "Ah, eu sei que sou privilegiado!" com as mãos erguidas e as palmas expostas como um pentecostal. E é por um impulso inato que eles se sentem tão confortáveis com esse gesto de reconhecer seus privilégios: a necessidade de demonstrar submissão a um poder que os menospreza.

Ou até mesmo o seguinte: os Eleitos brancos, quando começaram a se ajoelhar por longos períodos em protestos para demonstrar toda sua militância depois do assassinato de George Floyd, indicaram sua submissão às demandas dos Eleitos. Crenças infundadas normalmente são observadas em gestos ritualísticos, como jogar sal para trás em busca de boa sorte — ou posturas de oração.

Os Eleitos têm um clero

Uma ilustração útil desse clero é algo que nunca fez sentido em 2014. Por que, então, o ensaio "Em Defesa das Reparações", de Ta-Nehisi Coates, foi recebido com tanto entusiasmo?

Sim, era bem escrito, mas a estética do texto não foi o que fez as pessoas irem comentar no Twitter às lagrimas a respeito desse artigo de revista. Devia haver algo maior acontecendo, sobretudo porque as reparações pela escravidão tinham sido discutidas à exaustão na imprensa dos Estados Unidos quinze anos antes, o que incluía *The Debt*, o popular livro de Randall Robinson, que foi lido com furor por toda a nação assim como o ensaio de Coates. Se as redes sociais e o Kindle existissem no começo dos anos 2000, *The Debt* ainda seria muito popular hoje em dia. Acontece que, pela forma com que o artigo de Coates foi recebido, parecia até que aquela era a primeira vez que as reparações haviam sido apresentadas ao público norte-americano.

Ou ao menos que era o caso mais convincente já feito a esse respeito. Mas seria difícil afirmar que o texto de Coates foi mais persuasivo do que o de Robinson (ou de vários outros), ainda mais porque Robinson escrevera um livro inteiro. Não bastasse, Coates (assim como Robinson) não examinou em detalhes factuais como essas tais reparações poderiam funcionar. A questão não é se Coates escreveu um bom ensaio. Ele escreveu, assim como outras coisas depois. Mas a recepção do público, como se aquele texto fosse outro *Unsafe at Any Speed* [Perigoso a qualquer velocidade, em tradução livre], de Ralph Nader, ou *Primavera Silenciosa*, de Rachel Carson, parecia um enigma.

E aqui vai a resolução para esse enigma: as pessoas amaram o artigo de Coates, mas não como uma obra política. Para simplificar, quase ninguém acha que as reparações realmente vão acontecer *de um jeito que deixe seus defensores satisfeitos de fato.* "Em Defesa das Reparações" foi recebido mais como um sermão. E, nesse caso, era um bom sermão. Mas cuja audiência procurava uma proclamação, e não informação. Sim, alguns leitores, especialmente os mais jovens, depararam com a questão da reparação pela primeira vez. Entretanto, a maioria, não. Muitos daqueles entusiasmados com o artigo como se ele fosse um *Manuscritos do Mar Morto* recém-descoberto já tinham mais do que alguns fios de cabelo branco. Já sabiam como tudo isso funcionava.

Então, muito embora essa dificilmente tenha sido a intenção de Coates, ele acabou virando não apenas um professor para seus fãs, mas um pregador. A. O. Scott demonstrou com perfeição esse papel clerical em nosso discurso quando descreveu o livro de Coates *Entre o Mundo e Eu* como "essencial como água ou ar". O fato de os intelectuais estadunidenses terem abraçado com tanto afinco essa descrição, que mais parecia estar falando da Maior História Já Contada, era um indicativo por si só.

Abordar esse tipo de comunicação como um simples compartilhamento de informação é perder sua essência. Poucos enxergam o que esses pensadores afirmam como algo novo. Pense no pregador aclamado por seu sermão conforme os fiéis saem da igreja. Ele provavelmente nem deu um sermão que arrebatou a maioria dos presentes. As pessoas gostaram porque foi uma bela versão daquilo que já conheciam e que lhes dava conforto.

Quando o assunto é raça, os Eleitos celebram certos pensadores importantes por seus dons em frasear, repetir e criar variações astutas de pontos considerados importantes. Esses são seus padres, seu clero. É preciso que o pregador continue contando as verdades acerca da religião, e que o faça com frequência, já que o lado infundado e não empírico da ideologia pode facilmente ir se dissolvendo conforme a vida real se impõe sobre o cotidiano.

Pessoas brancas se amontoam e até chegam a pagar para ouvir Robin DiAngelo lhes ensinar a contraintuitiva lição de que elas são as engrenagens racistas de uma máquina racista, e que mudanças sociais serão possíveis apenas quando admitirem isso e deixarem o racismo de lado (o que fará com que negros pobres deixem de ser pobres, mas quando e como?). E assim, porque o que está ensinando é um pensamento religioso, ela se torna uma pregadora viajante nos mesmos moldes dos antigos missionários. O Centro de Pesquisa Antirracista que a Universidade de Boston forneceu a Ibram Kendi é, ao se concentrar na abordagem *religiosa* de Kendi em relação ao racismo, uma escola teológica. Uma ferramenta oferecida a alguém com credenciais acadêmicas, mas que, na verdade, atua como um padre na sociedade.

Os Eleitos têm um pecado original

Os Eleitos, então, têm magia, clero e também uma ideia de pecado original. Sob as crenças dos Eleitos, esse pecado é o "privilégio branco".

Para antecipar qualquer pergunta, sim, eu de fato acredito que ser branco automaticamente nutre certos privilégios velados quanto à sensação de pertencimento do indivíduo. Figuras de autoridade são brancas também. Os brancos são considerados o padrão. Não sofrem com estereótipos. Se bem que, atualmente, sofrem com um, sim: o estereótipo do monstro ameaçador e escatológico da "branquitude" de que os Eleitos tanto falam. Mas não vamos botar o carro na frente dos bois.

A questão aqui não é se eu ou qualquer outra pessoa acredita que o privilégio branco seja real, mas o que consideramos ser a *resposta correta para essa questão*. A dos Eleitos é que, de forma ritualística, os brancos têm de "reconhecer" essas vantagens e ter a noção de que é algo do qual nunca serão absolvidos. Existem aulas, seminários e workshops devotados a encurralar pessoas brancas nesse tipo de abordagem. Os Eleitos procuram inculcar em crianças brancas a responsabilidade de reconhecer o privilégio desde a mais tenra idade. Enquanto escrevo este livro, estão ensinando religião em uma escola após a outra para crianças que ainda nem têm a capacidade de ler livros infantis. Ou seja, os Eleitos estão fundando o equivalente a uma catequese; a diferença é que, como se infiltraram em escolas de verdade, podem pregar para nossas crianças a semana inteira.

E, claro, imagine os textos que essa catequese sustentada por dinheiro público irá oferecer. O objetivo de *Não basta não ser racista —sejamos antirracistas*, de Robin DiAngelo, é converter pessoas brancas a uma profunda reconcepção de si mesmas como sujeitos inerentemente cúmplices de um sistema de ações e pensamentos profundamente racista. Dentro desse tal sistema, caso os brancos se arrisquem a emitir qualquer declaração a respeito desse tópico que não seja reconhecer suas vantagens com o privilégio branco, estarão apenas provando que são racistas e "frágeis" demais para admitir. A circularidade aqui — "você é racista, e se disser que não, então só estará provando que é, sim" — é uma lógica extremamente limitada.

Mesmo assim, o livro se tornou um *best-seller* instantâneo em 2020, foi logo promovido como texto obrigatório pelos Eleitos e trouxe vários novos convertidos para o bando. A única explicação coerente para que tantas pessoas tratem um texto tão ridiculamente contraditório como merecedor de tamanha atenção são essas crenças infundadas. Muitos dos que estão lendo este livro também leram *Não basta não ser racista — sejamos antirracistas* e ficaram perplexos com a recepção do público. Mas não precisa: *Não basta não ser racista — sejamos antirracistas* é uma cartilha do pecado original, tão desconcertante quanto o Novo Testamento.

Teoricamente, as pessoas reconhecem o pecado original para que possam se preparar e ser aceitos para viver na graça de Jesus depois que morrerem. Na prática, por outro lado, os fiéis costumam viver cerceados por uma preocupação mais restrita — se são ou não boas pessoas aqui na terra — por conta de parâmetros relacionados ao cotidiano e a como terceiros os veem enquanto isso. E desse mesmo jeito, a ação de reconhecer o privilégio branco é retratada como um prelúdio para o ativismo, mas, na prática, é o objetivo principal. Apesar de formalmente reivindicarem o contrário, na realidade os Eleitos testemunham — isso mesmo, testemunham — o privilégio branco como um ato totêmico e autônomo.

Pessoas supostamente comprometidas com a transformação política ignoram, felizes da vida e sem preocupação, a relação abstrata entre admitir "privilégios" e promover mudanças reais. Em uma reunião do curso de direito da Universidade do Noroeste dos Estados Unidos em 2020, os professores literalmente se levantaram e, como se estivessem num ritual, denunciaram a si mesmos como pessoas que não apenas se beneficiavam do privilégio, mas que eram racistas de fato. Todos foram obrigados a fazer isso independentemente de suas naturezas individuais ou ideologias políticas, o que levou um observador a dizer sobre um dos professores: "Ele é um homem maravilhoso e amado por todos os alunos. Fico triste por ele ser forçado a dizer o contrário".

Não adianta generalizar o corpo docente do departamento de direito de uma universidade de prestígio como meros "loucos" cujo comportamento não reflete em nada o tom do momento histórico, e cabe ao cético explicar como isso pode ser qualquer coisa *além* de uma versão alternativa do conceito de pecado original, completo, inclusive, com a inerradicabilidade. As pessoas nascem marcadas pelo pecado original, e da mesma forma ser branco é ter nascido com a mancha de um privilégio não merecido. A solução correta para o pecado original é abraçar os ensinamentos de Jesus, mesmo que os indivíduos continuem para sempre como pecadores. A solução correta para o privilégio branco é abraçar os ensinamentos de Ta-Nehisi Coates, Ibram Kendi e Robin DiAngelo (e, é claro, outros sacerdotes-profetas do futuro e além), mas entendendo que os brancos, de um jeito ou de outro, sempre nutrirão essa mancha do privilégio.

Podemos observar isso com clareza especificamente quando pessoas brancas erguem os punhos com entusiasmo e fazem gestos de comemoração com amigos que compartilham ideias semelhantes, tudo isso em relação aos textos de alguém como Coates, que afirma ficar surpreso por pessoas brancas (ou seja, os próprios indivíduos em questão) terem interesse suficiente em pessoas negras e na questão do racismo para se dar ao trabalho de ler sua obra, e que enxerga os bombeiros brancos que morreram no 11 de Setembro como gente que recebeu o que merecia. Em 2020, era normal ver amigos desses mesmos leitores postando fotos nas redes sociais segurando cópias de *Não basta não ser racista — sejamos antirracistas* para mostrar a seus camaradas que estavam "se esforçando". Coates e DiAngelo chamam essas pessoas de pecadoras. E ainda assim os pecadores vivem ávidos para assumir a acusação, reverenciam os acusadores e saem desse autoflagelo se sentindo cheios de energia. *Purificados*.

Isso é adoração, é uma espécie de louvor vindo de quem abre os braços para o autoflagelo do pecador incorrigível, manchado pelo pecado original do privilégio branco.

Os Eleitos são evangelistas

"Por que eles não permitem que pessoas tenham opiniões diferentes?"

Você está deixando algo passar. Os Eleitos podem parecer realmente desconcertantes — até que enxerguemos que eles são uma religião. E uma religião especificamente evangelista.

Em outras palavras: por acaso nos perguntamos o porquê de os cristãos fundamentalistas não verem suas crenças apenas como uma entre muitas opiniões válidas? Eles se enxergam como os portadores de uma Boa Nova que, se todas as pessoas simplesmente abrissem os olhos e a aceitassem, criaria um mundo perfeito. O fato de o mundo inteiro não comprar essa ideia é algo que eles aprenderam a tolerar, mas com a esperança de que, no futuro, as coisas sejam como eles querem. Vemos certa coerência nos cristãos que veem o resto de nós como "bárbaros". Podemos até discordar, mas é fácil imaginar alguém sob a impressão de que sua visão de mundo — caso ela inclua crenças inalcançáveis em coisas que nunca vemos ou sentimos, mas que eles insistem que, mesmo assim, são reais — é real, enquanto a nossa é um erro. O cristianismo (ou qualquer uma das outras religiões abraâmicas) é algo com que muitos de nós conviveram durante o crescimento ou, ao menos, conhecemos desde muito novos. Parece algo normal. Porque é.

Ser um Eleito é pensar exatamente do mesmo jeito. O essencial para ser um Eleito é a impressão de que sempre existe um bando de bárbaros para converter. Muitos destes bárbaros são, por exemplo, os brancos "por aí afora", que, inclusive, geravam um pânico geral de que fossem os culpados de impedir a volta da esquerda ao poder (de novo). E os Eleitos ficam se perguntando como seria possível alcançarem essas pessoas "por aí afora". Eles estão, se virmos a questão pelos olhos das testemunhas de Jeová, atrás de portas ainda a bater.

Perceba que as pessoas podem usar a descrição brancos "por aí afora" para falar de qualquer pessoa de qualquer lugar, e não apenas de regiões tipicamente racistas como o sul dos Estados Unidos. E não é uma questão puramente urbana/rural. Por exemplo, moradores de grandes cidades podem usar essa expressão para descrever tanto indivíduos metropolitanos quanto interioranos. A questão é que esta colocação de "fora" funciona apenas em comparação ao que eles acreditam ser o "cerne", o "centro", onde somos abençoados com a verdadeira sabedoria, quase como um útero em que vivemos imersos na graça de... bom, vamos descrever apenas como o lugar onde podemos "entender" e praticar rituais que nos expiam da mancha do privilégio branco.

Por essa perspectiva, é fácil enxergar a arrogância e questionar como tantos podem cair tão facilmente nessa ideologia e se transformar em pessoas tão insuportáveis. Mas não é assim que devemos vê-los. Eles não são arrogantes. São evangelistas. São normais — assim como todos os religiosos.

Os Eleitos são apocalípticos

As escrituras dos Eleitos estipulam um dia do juízo final: o grande dia em que o mundo "reconhecer" ou "aprender a lidar" com o racismo e finalmente resolver a questão. Pelo visto, isso acontecerá através dos efeitos de longo prazo do autoflagelo psicológico combinado com o ativismo político transformador que os brancos serão impelidos a colocar em prática por serem moralmente humilhados e verbalmente amordaçados.

Percebe como isso não faz sentido nenhum? E, além do mais, como uma sociedade tão vasta, heterogênea e politicamente dividida como a nossa conseguiria chegar a um consenso tão definitivo e abrangente a ponto de "consertar" o racismo? Dizem-nos que os brancos "por aí afora" são bárbaros incorrigíveis. Certo, tudo bem, mas se isso for verdade, o que seria capaz de fazê-los pensar diferente? Ler *Não basta não ser racista — sejamos antirracistas*? Pois continue tentando, então. Placas de pedra cravadas com escritos vindos dos céus chegam a parecer quase mais plausíveis.

E perceba que os Eleitos acham tais questionamentos inconvenientes, ou até mesmo arrogantes, como se estivessem perguntando como ousamos questionar o divino. Até mesmo a linguagem usada é litúrgica, já que faz poucas referências à existência verdadeira no cotidiano e é completamente compreensível apenas como poesia, dicas de espiritualidade ou profecia. Então, para fazer valer o título de arrogante, aí vai: como assim "aprender a lidar" com o racismo? De qual configuração, evento ou consenso esse "aprender a lidar" consiste? Quem determinaria que a sociedade realmente havia aprendido? Por que motivo deveríamos deduzir que os Eleitos algum dia reconheceriam que algo assim aconteceu? Afinal, todos eles são obcecados em condenar qualquer tentativa atual para tal — eles nos ensinam que qualquer progresso que esteja acontecendo é apenas mais uma forma de racismo e de "fragilidade", e são profissionais em negar que qualquer avanço verdadeiro já tenha acontecido.

No fim das contas, o mote dos Eleitos é insistir em como estamos longe desse grande dia, em como continuamos atolados num presente onde nada muda. Por quê? Porque a fantasia de um mundo que pouco mudou desde a época da segregação racial constitucionalizada cria uma urgência que justifica ações extremas. Catastrofizar a atualidade é um traço típico dessas ideologias; em 1951, Eric Hoffer, em seu livro *The True Believer*, percebeu que movimentos como o fascismo, o comunismo e o segregacionismo racial atraíram e mantiveram seus seguidores por apelarem a um passado idealizado, um futuro fantástico e um presente inegavelmente contaminado. Sob comando dos Eleitos, o passado nobre dos negros é a África e o futuro glorioso diz respeito à sociedade *aprendendo a lidar*, enquanto o presente, caso essa religião faça algum tipo de sentido, deve sempre continuar na latrina.

A ideia geral de que vivemos num tipo de negação a respeito de questões raciais — ou do racismo, que é o que as pessoas realmente querem dizer quando falam isso — é completamente absurda. A sociedade é praticamente obcecada em discutir e reconhecer o racismo, e quem fica ano após ano insistindo que ninguém quer saber desses tópicos está vivendo num mundo de fantasia. Claro que a sociedade certamente não atendeu às exigências particulares e excêntricas dos Eleitos em relação à raça e ao racismo, mas expressar isso como um descaso geral pelo assunto não é apenas descuido; é um comprometimento proposital em acreditar em algo claramente falso.

Enquanto escrevo isso em 2021, a sociedade norte-americana, por exemplo, no decorrer de poucos anos, desenvolveu uma consciência tão extrema, tão fundamentada e tão sincera a respeito do racismo como jamais se viu na história tanto deste quanto de qualquer país. Além de organizações em todo o território estarem emitindo notas em apoio ao movimento Black Lives Matter, independentemente de terem alguma ligação comercial com as relações raciais, o CEO da Netflix doou US$ 120 milhões a faculdades e universidades historicamente negras dos Estados Unidos, editoras passaram a focar em publicações mais diversas e os mais variados setores parecem ter começado a se preocupar com a homogeneidade de suas equipes. Estátuas de escravocratas estão sendo derrubadas aos montes. A associação dos jornalistas estadunidenses, por exemplo, decidiu escrever *Black* (ou seja, "negro" em inglês) com a primeira letra maiúscula. O famoso dicionário Merriam-Webster está revendo suas definições de *racismo* para incluir definições modernas que foquem em disparidades em vez de atitudes. Termos como "mercado negro", "magia negra", "denegrir", "inveja branca" estão sendo reconsiderados. Nas manifestações após o assassinato de George Floyd nos Estados Unidos, por exemplo, havia tantos rostos brancos que parecia até um movimento patrocinado pelo Greenpeace.

Por toda parte, pessoas brancas proeminentes estão avaliando a si mesmas em busca dessa "branquitude" abusiva. A comediante norte-americana Tina Fey, por exemplo, apagou quatro episódios de seu amado seriado *Um maluco na TV* dos serviços de *streaming* por causa de piadas usando *blackface*. Atores brancos que interpretavam personagens não brancos em animações estão se afastando dos papéis. A Disneylândia reformulou a atração Splash Mountain para promover *A princesa e o sapo*, que conta com a princesa negra Tiana, e deixar para lá o controverso filme *A canção do Sul*. A cidade de Nova York pintou BLACK LIVES MATTER em letras garrafais logo no fim da rua onde fica o Trump Tower.

A atitude de pessoas brancas a respeito das questões raciais e a prevalência do racismo foram dramaticamente diferentes em 2020 do que eram poucos anos antes. Uma pesquisa da Universidade de Monmouth demonstrou que enquanto 50% dos entrevistados caucasianos acreditavam que o racismo era um problema sério para a população negra em 2015, em 2020 este número havia saltado para 71%. Essa mudança de atitude ajudou a impedir a reeleição de Donald Trump, o ex-presidente abertamente preconceituoso dos Estados Unidos. Ainda na América do Norte, essa mudança de pensamento também fez com que Joe Biden escolhesse uma mulher negra como sua vice-presidente — e, inclusive, Kamala Harris pode muito bem se tornar a próxima presidenta dos Estados Unidos.

E, ainda assim, nada disso importa para os Eleitos.

O mesmo tipo de gente continua repetindo o mesmo discurso de como pessoas negras não são ouvidas, vistas e de como a sociedade nunca "aprende a lidar" com as questões raciais. Eles preferem esbravejar que Kamala Harris é apenas a *vice-presidente* e, no fim das contas, foi escolhida por um velho branco. Ou que, muito embora Trump tenha perdido, não devemos nem de longe achar que a influência deixada por ele se apagou. O desespero continua inalterado. Se lhes perguntarem se houve alguma mudança significativa desde 2020, eles, hesitantes, admitirão que o que aconteceu foi "bem-vindo" ou "um começo" — mas nada além disso.

Para essa gente, o verdadeiro progresso em relação às questões raciais não é algo para se comemorar, mas para se contornar. E o motivo é que, com o progresso, os Eleitos perdem o propósito. Vale ressaltar que eles não estão em busca de dinheiro ou poder, mas de um propósito genuíno, para que possam simplesmente se sentir importantes, para que a vida deles seja guiada por uma ideologia que signifique alguma coisa. Tome como exemplo a ideia de que, mesmo que Trump não tenha ganhado um segundo mandato, ele venceu o primeiro não faz muito tempo, e pode até ter perdido, mas não por uma grande margem; é sobre o racismo no país que levou a essa primeira eleição que "realmente precisamos falar". E não, não é apenas uma hipótese, a grande discussão de agora se resume em "Trump se foi. Estamos prontos para discutir sobre como ele chegou lá?".

E que venham os aplausos... mas espere um instante. Dizer que ninguém estava pronto para "discutir" algo que, na realidade, foi destrinchado incansavelmente durante os quatro anos do mandato de Trump é algo que nem precisamos comentar. Indo mais direto ao ponto: por que os problemas que ainda existem relacionados às questões raciais recebem mais destaque do que as surpreendentes evoluções que já aconteceram? Por que essas pessoas preferem continuar dando lições dramáticas de história em vez de reconhecer isso? O motivo de supostamente "precisarmos muito discutir" mais sobre o que aconteceu em 2016 do que sobre o que aconteceu em 2020 é porque os resultados de 2020 foram positivos, mas os de 2016 foram como as Boas Novas para o cristianismo — neste caso, uma mensagem a respeito do duradouro racismo e do quanto precisamos batalhar contra ele. Essas Boas Novas, no caso, são melhores que os resultados só positivos — e reais.

Usando os Estados Unidos como pano de fundo, por exemplo, caso essa nova onda do movimento realmente leve a um programa de reparações financeiras, meu palpite é de que os novos memes serão algo como "reparações são só o começo" e "é melhor eles não acharem que podem tratar a gente como animais por quatro séculos e pagar para se livrar da responsabilidade". E você não precisa tomar minha palavra como verdade. Usemos Coates de novo, que deixou isso claro um tempo atrás quando, em seu famoso artigo a respeito das reparações, chegou a dizer: "Talvez descubramos que os Estados Unidos nunca serão capazes de verdadeiramente retribuir aos afro-americanos". Ou: houve a proposta de que um algoritmo pudesse fornecer uma forma fundamentada e sistemática de calcular o valor das reparações que os negros deveriam receber. Um autor negro interveio e afirmou que isso jamais funcionaria, e não por alguma deficiência no mecanismo do algoritmo, mas porque essa ferramenta não seria capaz de lidar com a *dor* espiritual que a escravidão e suas consequências causaram. Mas, então, o que poderia funcionar?

O livro de Randall Robinson levou ao mesmo tipo de conclusão. Ele argumentou que a escravidão "esvaziou todo um povo composto de pessoas com eficiência intergeracional. Cada artefato das antigas culturas das vítimas, cada roupa, cada ritual, cada bem, cada idioma, cada traço de hereditariedade lhes foi arrancado e moído até virar um pó sufocante". Bom, tudo bem então... mas acontece que a ideia dele do que as reparações deveriam ser é: 1) um fundo fiduciário educacional, 2) retomada de fundos de empresas que se beneficiaram do trabalho escravo, 3) apoio geral à "defesa dos direitos civis", e 4) compensação financeira para o Caribe e a África. Seriam medidas positivas, mas que fariam muito pouco para remediar a aniquilação sociopsicológica que Robinson acredita que todos os negros sofrem.

Os Eleitos vivem falando do poder da linguagem e da imagética relacionada às questões raciais. Entretanto, depois que transformações maciças tanto na linguagem quanto na imagética acontecem em toda a sociedade, eles continuam insatisfeitos, fazendo careta e agora dizendo que isso não passa de mudanças superficiais. E então, voltam a entoar os mesmos mantras. Para eles, vidas negras importam, mas uma transformação sociopolítica gigantesca na forma como os negros são vistos, não.

Assim, uma historiadora profissional e ex-reitora de Harvard pode casualmente concluir um artigo reflexivo sobre William Faulkner se referindo à "vergonhosa história que ainda falhamos em enfrentar ou entender". Nenhum editor da revista para a qual Drew Gilpin Faust vinha escrevendo dignou-se a desafiar essa representação absurdamente fantasiosa dos Estados Unidos, mesmo que o artigo tenha sido escrito meses após os protestos pela morte de George Floyd. Seria uma falha em confrontar ou entender? Nada dessa afirmação se baseia na realidade, mas, como esse foi o objetivo mesmo, permitimos que frases como essa sigam adiante.

E assim, em fevereiro de 2021, um historiador negro (e reitor de uma universidade) disse o seguinte sobre o quanto a sociedade progredira até então:

> O apagamento é completo e chocante. O papel do trabalho negro na construção da infraestrutura econômica do Sul dos Estados Unidos tem sido frequentemente negado. As contribuições de pensadores negros para as humanidades, ciências sociais e biológicas têm se perdido devido à segregação nos ambientes de trabalho. A obra de artistas negros tem sido ignorada desde que foi apropriada pelo aparato cultural geral.

Negados, perdidos, ignorados — todos expressos através do uso habilidoso do tempo verbal: essas coisas *têm sido* negadas, não *foram* negadas. O tempo verbal sugere que o passado se estende até o presente, permitindo que esse escritor insinue que o que aconteceu há muito tempo ainda é, de alguma forma, algo que *é*, em vez de *ter sido*.

Ainda assim e sem surpreender ninguém, esse pessimismo quase fantasioso foi celebrado pelos suspeitos de sempre como um testemunho arrepiante. Esse tipo de coisa só faz sentido como uma negação voluntária às mudanças que aconteceram de verdade. O progresso sociopolítico é irrelevante para a visão que os Eleitos têm da sociedade não porque eles sejam teimosos, nem porque ganham alguma coisa por instigar as pessoas, mas porque o antirracismo é a religião deles.

Meu palpite de que os Eleitos continuarão a não dar a mínima para o que anda acontecendo vai parecer arrogância. Mas, no fim das contas, a pergunta é simples: estou certo ou não estou? E para respondê-la, peço que você simplesmente olhe em volta.

Viu só?

Os Eleitos expulsam os hereges

Os Eleitos consideram essencial não apenas criticar aqueles que discordam de suas crenças como também almejar que essas pessoas sejam punidas e eliminadas até as últimas condições que a vida real permite. Há um senso primordial de que os descrentes não devem apenas ser criticados, mas expostos, isolados e banidos.

Para muitos, essa prática parece algo imprudente, imaturo e precipitado. E isso é um dos grandes motivos para que os Eleitos vivam sendo minimizados no olhar do público geral como uma turba cuja maioria dos participantes tem menos de vinte e cinco anos. Afinal, apenas jovens sem nada na cabeça se comportariam dessa forma, jamais adultos experientes, não é?

Aí é que está: não. A realidade é que aquilo que os Eleitos chamam de *problemático* é o que um cristão quer dizer quando define algo como uma *blasfêmia*. Os Eleitos não banem as pessoas em momentos de bravata; fazem isso com calma entre golinhos de café enquanto navegam pelo Twitter, porque consideram essa caça às bruxas uma forma superior de sabedoria.

Não literalmente, mas o sentimento é o mesmo. Os Eleitos são membros de uma religião, e professam uma fé cujos dissidentes não são apenas aqueles que discordam de tais crenças, mas um tipo de poluição ambiental. Gente que não deve conviver entre nós. Como o colunista norte-americano Andrew Sullivan comentou quando teve que se retirar de seu posto na revista *New York* em 2020, a situação chegou ao ponto de que seus colegas de trabalho Eleitos já não aturavam mais sua mera presença:

> Eles parecem acreditar, e isso anda se tornando padrão na grande imprensa, que qualquer autor que não se comprometa na prática com a teoria crítica em questão relacionada a raça, gênero, orientação sexual e identidade de gênero está ativa e fisicamente prejudicando colegas de trabalho pelo simples fato de existir no mesmo espaço virtual.

Uma quantidade deprimente de tinta já foi desperdiçada em textos afirmando que essas pessoas têm de parar de ser tão delicadas, que são criaturas deformadas por pais superprotetores. A verdade é que não se trata de uma fragilidade real, mas de uma pose. Os Eleitos não se sentem ameaçados e muito menos fisicamente atingidos por colunas, tuítes, ementas curriculares, símbolos e expressões idiomáticas. Eles fazem pose de feridos para demonstrar a "violência" das visões de mundo das quais discordam e, logo, provar que tais visões são malignas. Esse uso do conceito de violência aproveita, primeiramente, os textos de Michel Focault e, em segundo lugar, as discussões inteligentes entre feministas radicais dos anos 1980 e 1990. Mas os reformulam como forma de impor o que a sociedade de antigamente considerava tabu.

Quem acha insuportável trabalhar na mesma empresa que pensadores como Sullivan — e nem estamos falando de uma repartição física, mas de um espaço amplamente virtual durante a quarentena! — estão repetindo aqueles que expulsavam os hereges por fazerem um sinal de cruz com os dedos. O fervor religioso é absolutista e completo com um senso maniqueísta de bem *versus* mal. Muitos se lembram da personagem Church Lady de Dana Carvey no programa *Saturday Night Live* e sua obsessão por expor os "feitos do diabo". Aqueles que afastaram Andrew Sullivan da revista *New York* e Bari Weiss do *New York Times* (ambos renunciaram a seus cargos por perseguições das instituições na mesma semana de 2020) riam do tipo de indivíduo que Carvey interpretava, mas não percebem que praticam o mesmo comportamento.

Como Glenn Loury propôs durante uma de nossas discussões *on-line*, sempre que ouvirmos os Eleitos condenarem alguém como "problemático", devemos substituir a palavra por "bruxa", e aí seremos capazes de entender o que estão dizendo e fazer com que se responsabilizem por isso. "Bom, o que X está dizendo é problemático no sentido de que… [*gole de café*]" é outra forma de dizer, sem que nada seja perdido ou acrescentado: "Bom, o que X está dizendo faz dela uma bruxa, não faz?".

Caricatura! Exagero! Certo, mas contemple esta carta de um corpo docente formado por doutores — doutores! — de Princeton, com uma série de demandas enviadas ao reitor da universidade (que concordava entusiasticamente com ideias desse tipo):

> Montar um comitê constituído inteiramente de membros do corpo docente que supervisionaria investigações e medidas disciplinares para comportamentos, incidentes, pesquisas e publicações racistas por parte dos docentes seguindo um protocolo para reclamações e recursos a serem detalhados nas Regras e nos Procedimentos do Corpo Docente. Diretrizes que abordem o que constitui comportamentos, incidentes, pesquisas e publicações racistas serão elaboradas por um comitê do corpo docente para incorporação no mesmo conjunto de regras e procedimentos.

Se isso não é suspeito e arbitrário, então não entendo mais nada. Foi uma proposta para a constituição de um comitê anti-hereges, simples assim. Com o passar do tempo, muitos leitores se perguntarão se o parágrafo não se trata de um engano, de uma peça. Mas era real, escrito e assinado por pessoas de carne e osso que, fora dali, vão para casa, alimentam os filhos, cortam a grama e se divertem com seus seriados favoritos na TV.

Em 2019, a imprensa passou a chamar o comportamento dos Eleitos de "cultura do cancelamento". E a reação dos Eleitos diante disso em 2020 foi extremamente reveladora. Eles viviam declarando que não tinham o menor desejo de "cancelar" os outros, mas insistiam em se posicionar contra aqueles de quem discordassem. Acontece que pessoas com essa mentalidade costumam deduzir, sem nem pestanejar, que "se posicionar contra" deve incluir tentativas de punir e remover dos acusados seus títulos e autoridades.

Era perceptível que essa gente não tinha noção de que poucos anos antes não existia, entre um grupo tão grande, essa suposição de que além de *serem repreendidos* por opiniões consideradas desagradáveis os acusados também merecem ser punidos. Essa prática não era prova de que essas pessoas estavam forçando a barra e sendo egoístas ao extremo, mas de que estavam sendo guiadas por uma religião que coalesceu durante os anos 2010 e se cristalizou após o assassinato de George Floyd, uma fé sob a qual visões destoantes devem ser não apenas questionadas, mas suprimidas, que deixa claro que num mundo bom tais opiniões jamais podem existir. Não demora para que gente adulta se esqueça de como as coisas eram pouco tempo atrás.

Por que não permitem outros pontos de vista? Lembre-se, é uma religião e não ciência política, e, sendo mais específico, uma religião estranhamente semelhante ao cristianismo fervoroso. Para os Eleitos, o racismo é equivalente a Satanás. Se eu me dignar a passar por Satanás com a ideia de que podemos simplesmente deixá-lo em paz, então significa que eu não entendo. Que estou "errado".

Uma rápida olhada nos Eleitos de verdade ilustrará meu argumento. Alguém tuitou dizendo que sou contra a luta dos negros por igualdade. Quero deixar bem claro que meu objetivo aqui não é ficar me queixando: ao longo das décadas, já falaram coisas muito piores a meu respeito, estão falando neste momento mesmo e vão continuar. Mas é seguro dizer que boa parte de quem conhece bem o que faço teria dificuldade em me ver como alguém que diz, sem mais nem menos, que "os negros não devem procurar ser iguais aos brancos".

O que me faria não gostar da ideia de os negros sendo tratados com igualdade? É capaz de alguém me considerar uma figura sinistra que, tirando eu mesmo, considera os negros como seres inferiores. Porém, quantos de nós de fato viram alguém desse jeito fora daquele desenho animado *Boondocks*? Quem, se tiver que realmente me defender dessa definição, conseguiria? E de um jeito que a maioria dos leitores consideraria *sinceramente* válida?

Aqui vai o valor heurístico desse tuíte: ela é uma professora universitária. Orienta estudantes, escreve artigos acadêmicos, participa de comitês e claramente se considera alguém que valoriza a diversidade de ideias. É bem provável que tenha passatempos e que ame os pais. Existe um tipo de indivíduo que pode funcionar como um cidadão brilhante e adorável enquanto também envia tuítes gratuitos acusatórios como esses. Parece que alguma cepa de vírus implantado neles os faz cometer atos que, em qualquer outra circunstância, seriam incondizentes com suas naturezas, como a larvinha que se enterra no cérebro de um grilo. Esses vermes são aquáticos quando crescem, e transformam o cérebro do hospedeiro de tal forma que o bicho pula na água e morre, o que permite que as larvas emerjam para o ambiente em que prosperam.

Deve haver uma espécie de anulação, ou, em outras palavras, algo que faz com que pessoas simpáticas escrevam coisas assim. A ideologia dos Eleitos estipula que o principal dever moral central de alguém é combater o racismo e o racista. Minha opinião a respeito de raça nem sempre se encaixa nisso: enquanto sinceramente procuro estratégias para melhorar a vida de pessoas negras, não concentro meus esforços em fazer isso identificando e combatendo ideais brancos ou considerando a sociedade como um "sistema" racista que deve ser, de alguma forma, desmontado — essas abordagens me parecem pouco propensas a dar resultados. Já a visão dos Eleitos quanto a raça se baseia em uma exigência religiosa de condenar o racismo em vez de buscar e medir o resultado dos esforços para melhorar a vida dessa parcela da população. Por essa perspectiva, minhas opiniões são tidas como erros. Ao não aderir a tais princípios, estou cometendo o pecado de contrariar seu evangelho, rejeitando a missão que para eles os torna — bem como outras pessoas — seres humanos dignos desse nome. Logo, sou considerado um inimigo, alguém do "contra" — e, consequentemente, "contra" a igualdade para os negros.

Não pode ser a lógica que leva uma pessoa sã a fazer uma acusação absurda capaz de acabar com a moral de alguém e depois seguir com a vida como se nada tivesse acontecido. Se concedermos a ela a dignidade de considerá-la uma pessoa inteligente e moral — e é o que devemos fazer —, então seu tuíte foi uma forma de *testemunho* como membro dos Eleitos.

Olhamos para os signatários de petições que reivindicam o esculacho de alguém e pensamos "*Ele* assinou isso?". Nós nos perguntamos por que aquela mulher tranquila que conhecemos numa festa do trabalho estava no comitê que chegou perto de arruinar a carreira de um professor conservador que não fez nada de errado. Vemos uma turba no Twitter ou no Facebook estripando alguém e percebemos um conhecido incrível, pacífico e brilhante no meio de tudo isso, todo feliz dando *"like"* nas injúrias e até mesmo participando. E é porque o eleiticismo é uma religião, e não uma reivindicação. Uma crença que engloba tudo.

Portanto, quando os Estados Unidos adentraram no que é comumente denominado como um período de acerto de contas racial depois da tragédia de Floyd, os Eleitos em geral passaram a justificar sua caça às bruxas como algo que sem sombra de dúvida se alinhava com o momento em questão. Foi bem surpreendente ver a suposição despreocupada de que qualquer avaliação racial de valor deve incluir expulsar pessoas do debate e deixá-las desempregadas. Mas é exatamente isso: para os Eleitos, barrar os hereges não é uma escolha. É um dever — um compromisso inquestionável e tão natural quanto respirar.

É comum que fiéis não pensem para além da religião, que não imaginem como o pensamento era antes de a religião existir. Doutrinas são avassaladoras e, neste caso, marcam a diferença entre o politicamente correto de 1992, que dizia "acho isso ofensivo", e o dos Eleitos de 2020, que diz "tire tudo dele e jogue-o na sarjeta". Desviando-se de um compromisso em mudar a sociedade para um compromisso mais estreito em sinalizar antipatia ao racismo e deixá-lo lá, o progresso do antirracismo da Primeira para a Terceira Onda o levou do ativismo político concreto de Martin Luther King para os compromissos baseados na fé de um Martinho Lutero.

Os Eleitos suplantam religiões mais antigas

Daniel Patrick Moloney, o capelão católico do Instituto de Tecnologia de Massachusetts (MIT), seguindo os preceitos de sua profissão e religião, escreveu um e-mail sugerindo gentilmente que até mesmo policiais assassinos eram passíveis de certa compreensão para que as pessoas tentassem enxergar sua humanidade e entender o motivo de terem se distanciado de Deus. Depois de reconhecer o horror do assassinato de Floyd e a culpa do agente que o matou, Moloney se arriscou a dizer:

> Muitos afirmaram que o racismo é o maior problema na polícia. Acho que não temos certeza quanto a isso. Policiais lidam com pessoas perigosas e más o tempo todo, e é algo que normalmente os embrutece. Eles tomam essa atitude para que o resto de nós possa viver em paz, mas às vezes o custo é de suas próprias almas.

A linguagem das pessoas que o perseguiram era indicativa. Um tuíte dizia: "Para abrir os trabalhos, vamos falar do padre Moloney (o capelão católico do MIT) e do e-mail que ele considerou de bom-tom enviar hoje". Atenção ao "ele considerou de bom-tom enviar", com o ar de censura de um tribunal de prelados que decidem o que é passível de ser dito ou não.

Um tuíte seguinte: "Sinto muito por todos os católicos negros do MIT. Vocês todos merecem coisa melhor (emoji triste)", seguido pelo primeiro opinante, que entoou: "Pois é, e é por isso que ele deveria ser destituído. Ele claramente não é capaz de atender os estudantes não brancos com segurança e de forma efetiva (…) então não pode atender coisa nenhuma". Mas como aquela gentil homilia escrita por Moloney poderia fazer alguém se sentir "inseguro"? É muito exagero, uma ampliação do contexto que deixa perplexos os despreparados. Será que essa pessoa realmente acredita que um e-mail pedindo cautela e compreensão poderia ser a causa de outro homem negro ser assassinado por um policial? Tal medo faria tão pouco sentido que é inconcebível até mesmo para alguém mentalmente instável.

O usuário do Twitter estava partindo da óptica Eleita de que ideias para além de suas lógicas são hereges. O aceitável consiste apenas em perseguir as pessoas consideradas racistas; qualquer outra coisa, por definição, encoraja o racismo por não o combater.

"Então não pode atender coisa nenhuma", é como é encerrado o argumento. E lá vai Galileu para prisão domiciliar. Estamos assistindo a uma versão em miniatura da Inquisição. Moloney teve que renunciar a seu cargo.

Esta ordem dos Eleitos infectou muito também o unitarismo, atraindo comentários de dentro da própria comunidade que ilustram com todas as letras a natureza dessa mentalidade. O reverendo Richard Trudeau tem observado o fenômeno dos "zumbis":

> Esses líderes — na Associação Unitária Universalista, em nossos dois seminários e na Associação dos Ministros da UU — se tornaram tão comprometidos e intransigentes que comecei a considerar a ideologia que os cativou como um *vírus mental* que os infectou. Com essa analogia, meu objetivo não é implicar que eles são mentalmente doentes, claro, mas apenas que parecem presos nessa mentalidade (pense no comunismo, 1917-1989). Vítimas desse vírus mental podem ser identificadas por seus gritos de "desmantele nossa cultura de supremacia branca".

O reverendo Todd Eklof, alarmado na mesma medida, dedicou uma parte de um livro que escreveu para criticar esse novo elemento dos Eleitos no unitarismo. A Associação dos Ministros do Unitarismo Universalista o censurou e expulsou por isso; ele também foi expulso da Sociedade do Unitarismo Universalista e proibido de supervisionar ministros interinos, o que deixou ministros unitaristas de todos os Estados Unidos com qualquer ceticismo em relação aos Eleitos temerosos de se manifestar.

Os historiadores de religião ilustrarão 2020 como uma época em que o cristianismo norte-americano de muitas regiões começou uma lenta transição para uma versão Eleita de si mesmo. Por exemplo, o pastor da Igreja de São Francisco Xavier na cidade de Nova York fez sermões abordando o privilégio branco e a justiça racial, juntando o catolicismo e o eleiticismo em um nível de testemunho pessoal muito mais reminiscente à *Fragilidade branca* do que Dorothy Day. Por volta do mesmo período, um adolescente negro em um protesto do movimento Black Lives Matter em Seattle se filmou falando para brancos que negros são "mais santos" — o que não está muito longe da verdade dentro da lógica dos Eleitos, segundo a qual os brancos são Satanás, ao passo que a santidade vai aumentando conforme vamos descendo a hierarquia da opressão interseccional.

E por aí vai

Tudo isso vem do mesmo lugar. O que parece que são eventos discrepantes ou ações difusas realizadas por pessoas que, por algum motivo, "ficaram loucas" são resultado da ideologia de um grupo unido em torno de uma religião cujo objetivo é fundar uma nova nação. Aqui vão algumas outras coisas que cabem nessa mesma análise e servem como uma amostra do que foi 2020 em relação a problemáticas ligadas a questões raciais:

1. O prefeito de Nova York, Bill de Blasio, se ajoelhou perante os Eleitos e sancionou os protestos apesar das ordens de quarentena. Legiões de militantes tomaram as ruas de todo o país por semanas e mais semanas, quase sempre amontoados, quase sempre sem máscaras, enquanto berravam e entoavam gritos de guerra mesmo com um vírus que se espalhava facilmente via gotículas de saliva. De Blasio interrompera um casamento judaico por não seguir as regras recomendadas de distanciamento social, mas semanas depois não ligou para pessoas quebrando as mesmas regras em números muito maiores e por muito mais tempo quando o objetivo era batalhar contra o racismo. Em suas próprias palavras: "Quando vemos uma nação, toda uma nação, lidando simultaneamente com uma crise extraordinária semeada por quatrocentos anos de racismo… sinto muito, mas não é o mesmo que um empresário compreensivelmente irritado ou de um devoto religioso que quer voltar para os cultos".

   Tratava-se de devoção do mesmíssimo tipo que motivava os religiosos mencionados. Essa pessoa secular numa posição de autoridade deixou que protestos acontecessem mesmo diante de um vírus perigosíssimo que já tinha matado milhares de pessoas apenas em sua própria cidade. E tudo porque a ideologia dos Eleitos, com poder para sobrepor até mesmo fatos científicos perante um conflito se desenrolando, é uma religião.

E De Blasio não foi o único. Num dos momentos mais medievais da história moderna dos Estados Unidos, profissionais médicos se abstiveram de condenar esse comportamento, e por vezes chegaram até a abertamente argumentar que batalhar contra o racismo era mais importante do que *evitar a transmissão de um vírus fatalmente destrutivo*. É provável que poucos desses médicos sejam, de fato, Eleitos, mas são profissionais que se acovardaram o bastante sob o poder dessa crença para agir como se fossem. Foi uma refutação singularmente eloquente da tendência dos Eleitos a rejeitar a crítica por superestimar seu impacto.

2. Um amigo escreveu no Facebook que concorda com o movimento BLM, só para ser criticado por um anônimo:

> *Espera aí! Você "concorda" com essas pessoas? Isso significa que, na verdade, você discorda! É como dizer que você "concorda" com as leis da gravidade! Você, como uma pessoa branca, não tem o direito de "concordar" OU "discordar" quando pessoas negras afirmam algo! Dizer que "concorda" é ARROGANTE, e uma tentativa de roubar o espaço dessas pessoas! Não se trata de um exercício intelectual! A vida DELAS é que está em jogo!*

Uma objeção que parece cuidadosamente hostil. Mas além de certo ponto não se deve pensar num *dogma* partindo da lógica, saindo de A para Z, para, então, decidir se faz sentido. Chega um momento em que é preciso suspender a lógica e ter fé. O problema é que esse anônimo no Facebook, e muitos outros também, realmente acreditam que se tornar a fundação da nação é um progresso para sua religião.

Um evento paralelo de 2020: um funcionário da rede de *fast-food* Taco Bell usando uma máscara com a sigla BLM recebeu o pedido da gerência para que a trocasse, com base em uma regra de que os funcionários não devem trazer debates políticos para o ambiente de trabalho. O Twitter dos Eleitos (que devemos distinguir do Twitter) pegou fogo com gente defendendo que o Black Lives Matter não é uma questão política — em outras palavras, que os posicionamentos do movimento são uma verdade inquestionável e, portanto, todas as regras de etiqueta e regulamentos são irrelevantes. Essa restrição para a lógica, mesmo que seja feita com um sorriso no rosto, é o que conhecemos como religião.

3. Após o assassinato de George Floyd, tornou-se cada vez mais comum ver pessoas brancas adotando gestos e linguagem corporal com um sentido de devoção aos negros, e isso na frequente presença de pessoas negras, muitas vezes de pé como testemunhas. Em Bethesda, no estado de Maryland, militantes brancos se ajoelharam em massa no asfalto enquanto ecoavam gritos de guerra jurando aliança contra os princípios do privilégio branco, orquestrados pelo que só poderia ser considerado o pastor do bando. Todos com as mãos literalmente erguidas. As redes sociais gravaram outro episódio em que militantes brancos chegaram, de fato, a fazer reverência a pessoas negras a sua frente enquanto recebiam suas afirmações antirracistas, e muitos deles com lágrimas nos olhos. Militantes brancos lavaram os pés de seus companheiros negros em Cary, na Carolina do Norte (pois é, isso aconteceu de verdade!), enquanto, em outro lugar, muitos militantes negros perceberam certa performatividade em militantes brancos que ficavam para lá e para cá com cicatrizes de chicotadas pintadas nos corpos, para mostrar empatia com a condição dos negros.

4. Enquanto isso, instituições seculares, como se fossem escolas teológicas — o que, basicamente, caracterizava todas as universidades em tempos passados —, defendiam abertamente um plano

de ação religioso em relação a questões raciais. Um professor da Faculdade Steinhardt, na Universidade de Nova York, distribuiu um memorando declarando, de forma explícita, que "o primeiro princípio que levaremos como orientação é que a participação em movimentos políticos como o Black Lives Matter se equipara à decisão de participar de uma reunião religiosa ou espiritual". E não, ele não é teólogo ou até mesmo cientista social, mas um professor de estatística! A declaração de lealdade da Allegheny College ao momento dos debates raciais contou com o seguinte apelo: "Pedimos humildemente por gentileza e paciência. Somos imperfeitos e cometeremos erros", numa linguagem que lembra bastante a cadência de uma oração ou de um salmo.

* * *

Isso é fé religiosa. Possui até um mito de criação: que todos os problemas atuais que têm relação com raça remontam à chegada dos primeiros africanos à costa dos Estados Unidos em 1619, e que a guerra revolucionária foi travada porque a Grã-Bretanha queria abolir a escravidão, mesmo que historiadores de renome apontem a imprecisão dessa abordagem histórica. Há o que podemos chamar de um tomo de três testamentos, composto por *Entre o Mundo e Eu*, de Ta-Nehisi Coate, *Não basta não ser racista — sejamos antirracistas"*, de Robin DiAngelo, e *Como ser antirracista*, de Ibram Kendi. Um combo desses três títulos ocupava mesinhas de centro e cornijas pelo país inteiro. E o eleiticismo é um credo *bem-sucedido*, e verdadeiramente persuasivo e evangelizador. Seus seguidores fazem com que o povo fique mais religioso a cada ano, e isso pode muito bem incluir você.

Não é preciso se autodenominar religioso com todas as letras para merecer essa descrição. Até meados dos séculos XVI e XVII, os europeus que acreditavam fervorosamente em Deus, Jesus e sua ressurreição, anjos, Satanás e milagres não se consideravam "religiosos", mas sim pessoas comuns. Foi apenas com o progresso científico, os encontros com outros povos do mundo que acreditavam em coisas radicalmente diferentes e os aspectos desmistificadores da Reforma, que surgiu essa impressão de que se unir a um certo conjunto de princípios cristãos era algo "religioso", e não empírico. O eleiticismo nos força a pensar como as pessoas da Idade das Trevas sem que nem mesmo percebamos. É assustador, injusto, retrógrado e simplesmente errado.

Os princípios do que é ser intelectual, moral ou artístico, de como educar uma criança, promover justiça, se expressar corretamente e do que significa ser uma nação estão sendo redefinidos com base em uma religião. O que é o exato oposto dos fundamentos da vida norte-americana, por exemplo. Sala de aula, corredores de universidade, nossos códigos de ética e as instruções de como todos os membros da sociedade devem se expressar não são lugares para religião. E quase todos nós entendemos isso de forma espontânea e vemos qualquer mal-entendido dessa premissa como um atraso. E mesmo assim, desde cerca de 2015, um movimento peculiar vem nos pressionando aos poucos a abrir uma exceção com base na suposição de que especificamente essa nova religião é a correta, sem espaço para contestações. De que é tão gloriosa, tão superior às tentativas de brilhantes filósofos ao longo dos milênios de identificar uma moralidade suprema, que só nos resta abaixar a cabeça em humilde aquiescência.

O objetivo deste livro é traçar certa forma de pensamento moderno como algo não tão progressista e mais peculiar, como algo que devemos aprender a contornar e resistir, em vez de permitir que seja visto como algum tipo superior de sabedoria. Uma sociedade coesa e de olho no futuro deve tratar esse tipo de pensamento como um vírus, como o resultado lamentável, embora talvez inevitável, da história social moderna, que ainda assim deve ser continuamente contido. Devemos torcer para que essa ideologia desapareça com o tempo, mas caso seja impossível — e provavelmente é —, devemos mantê-la às margens de nossa existência, assim como a varíola.

Uma nova religião disfarçada de progresso global não é um avanço; é um desvio. Não é altruísmo; é autoajuda. Não é luz solar; é um fungo. Já passou da hora de chamar as coisas pelo que são e parar de se acovardar diante disso, de permitir que o povo, tanto as pessoas negras quanto as de todas as outras raças, se torne muito menos do que poderia ser. É completamente errado transplantar a essência do pensamento e da cultura norte-americana para o solo de uma fé religiosa. Alguns chegarão ao ponto de admitir que se trata de uma religião mesmo, e se perguntarão por que não podemos simplesmente aceitá-la como nosso novo credo nacional. O problema é que, no que concerne a procedimentos e prioridades sociais, os seguidores dessa religião — fiéis à natureza essencial das religiões — não podem ser convencidos pela razão. Eles são, nesse sentido, medievais com cafés para viagem em mãos.

É só questionar essas pessoas para valer que elas gritam como se houvesse alguém lhes quebrando o dedo. Mas a questão não é que os Eleitos não queiram ser destituídos de seu poder: eles se enxergam como quem fala verdades *ao* poder, e não como quem o ocupa. A ameaça que os assusta é de que sejam destituídos daquilo que motiva sua existência como humanos engajados neste mundo. Não podemos odiá-los por isso, mas nosso problema é o vasto abismo entre o que eles enxergam como missão pessoal contra o resto de nós e o fato de que a missão dessa gente inclui acusar pessoas de racismo em praça pública.

Realmente estamos num momento digno de *Vampiros de almas*. Os Eleitos insistirão que o termo *religião* os deprecia, mas as simples afirmações deste capítulo deixam dolorosamente claro que, estejam eles ouvindo ou não, o eleiticismo é, sim, uma nova religião, mas uma crença conduzida numa linguagem que nos ludibria ao incorretamente denominar o fenômeno sob rótulos como *política*, *compromisso* e *justiça social*. Adorando seus filhos, pescando salmão, dedilhando descalços em seus ukuleles enquanto apreciam músicas dos Stones, Coldplay e Adele, essa gente pode parecer não se encaixar no que consideramos "religioso". Mas não se deixe enganar: religião nada tem a ver com cultura. E não são todas as religiões que implicam a adoração de um Deus (os Eleitos não têm um), ou até mesmo o perdão (coisa que os Eleitos parecem não ter entendido direito ainda). Como afirmou Eric Hoffer: religiões não precisam de Deus, mas precisam de um diabo, e isso os Eleitos têm de sobra. Superstições, clero, pecaminosidade, um impulso proselitista, uma repulsa pelo que é impuro — está tudo aí. Eles consideram tudo isso como a própria encarnação da lógica.

Mas Torquemada também pensava assim enquanto, movido pela luxúria, comandava a Inquisição Espanhola.

3

O que atrai pessoas para essa religião?

De certa distância, parece que estamos lidando com pessoas que "ficaram doidas". Mas isso já não serve mais. Quantos indivíduos podemos, realisticamente, definir como insanos? Em que sociedade humana uma massa significativa de gente já se tornou mentalmente perturbada? Mas, mesmo assim, queremos saber por que essa nova religião surgiu.

Uma religião acalma. Ajuda a dar sentido às coisas. A questão é o motivo de essa crença específica, promulgada com tamanho desprezo e sarcasmo, acalmar tantos indivíduos. Precisamos primeiro dar uma olhada no rizoma desse movimento.

O que diz a teoria crítica da raça?

A teoria crítica da raça começou a ser desenvolvida entre certo grupo de acadêmicos jurídicos algumas décadas atrás. Naquela época, não havia ninguém entoando o nome de George Floyd enquanto sabotava o mandato de alguém num departamento acadêmico, ou enquanto um profissional era suspenso de um jornal, ou enquanto excomungava alguém por ter visões "problemáticas" — ou seja, blasfemas.

A diferença entre a boa e velha esquerda e os Eleitos modernos começou a emergir quando, por exemplo, o estudioso jurídico Richard Delgado passou a ensinar pessoas não brancas a basear suas reclamações acerca da injustiça em algo tão "rígido" quanto a verdade objetiva, mas partindo de uma "ampla história de esperanças frustradas e abuso ao longo dos séculos que afligem um povo inteiro e formam o pano de fundo histórico e cultural de sua queixa".

Esse tipo de argumento foi a semente do que agora nos é tão familiar, do argumento de que se uma pessoa não branca afirma que deparou com o racismo, então, de forma imediata, é indiscutível que aconteceu mesmo, e quem não concordar é considerado "problemático".

Regina Austin, outra estudiosa jurídica, foi responsável por delinear outra base dessa filosofia:

> Uma nova política de identificação, catalisada pela confrontação crítica da questão positiva quanto à transgressão da lei por pessoas negras, pode restaurar certa vitalidade do que se tornou uma mera figura de linguagem. (...) Utilizar como base a cultura de transgressores da lei adicionaria um pouco de tenacidade, resiliência, franqueza e desafio ao discurso político contemporâneo da comunidade negra, que demonstra uma preocupação marcante com a civilidade, a respeitabilidade, a sentimentalidade e o decoro.

Em outras palavras, a política precisa de uma boa dose da realidade crua e sem filtro! Sim, isso foi retirado da jurisprudência de uma estudiosa, e, sim, foi a origem da ideia de que, para pessoas não brancas, as velhas regras não importam. Esqueça (ou que se dane?) a civilidade ou até mesmo a lógica (é só ver o que disse Delgado, pouco acima) — tudo o que importa é o sentimento, e especificamente o que se sente a respeito da ordem reinante. A teoria crítica da raça diz que é tudo uma questão de hierarquia, poder, abuso — e que se você não for branco, então é igualzinho ao escravo remador que se mata de trabalhar debaixo do convés, e acorrentado.

Quase qualquer um, mesmo sem ter lido Rousseau ou Rawls, é capaz de perceber como essa visão da sociedade moderna é redutiva. Não devemos nos deixar levar pelo título de algo "crítico", por se tratar de raça e por ser considerado uma "teoria". Trata-se de uma ideologia frágil e performática, que vai para além dos trechos mencionados anteriormente em busca de rejeitar, de propósito, o raciocínio linear, a teorização tradicional e até mesmo o racionalismo do Iluminismo. Somos instigados a aceitar uma ideia de que a "história" de uma raça oprimida constitui a verdade.

Se parece estranho que adultos levem isso a sério, parece menos fantasioso quando vemos a questão como uma consequência da desconstrução nos estudos literários. Essa nova forma de leitura — e, por consequência, de pensar — afirmava que um texto não é capaz de transmitir uma única verdade e que, em vez disso, contém contradições de suas próprias afirmações. Logo, a natureza de um texto são as mensagens infinitas que extraímos como leitores diferentes. Nenhum escrito pode afirmar nada com certeza.

Tudo isso começa como um desafio interessante ao que pensamos como verdade e até mesmo realidade, exigindo raciocínio cuidadoso, imaginação inteligente e até mesmo um senso de progressismo sócio-histórico. O problema é que, na vida real, isso tem sido diluído em coisas como o contraditório Catecismo de Contradições que vimos no capítulo 1, e, mesmo assim, apresentado como esclarecimento. A teoria crítica da raça (TCR) é a raiz da ideia atual, aparentemente tão sem sentido e manipulativa, de que qualquer alegação de racismo feita por um negro deve automaticamente ser considerada válida porque... ele é negro e está falando "a partir de sua experiência".

Qualquer um que se dê conta de que isso não faz o menor sentido, porque qualquer perspectiva humana sobre algo é passível de erro, muito provavelmente não receberá uma explicação sincera daqueles que defendem essa ideia. A pessoa negra geralmente internalizou essa suposição de forma subconsciente e a abraçou, como qualquer ser humano faria, como uma ferramenta que impede que as pessoas discordem dela – quem não acharia algo assim pelo menos atraente? A pessoa branca abraça essa ideologia como uma forma de mostrar como entende que o racismo existe (e, suspeito, muitas vezes por um sentimento silencioso de que, se as pessoas negras insistem nisso, elas devem, no fundo, ter alguma deficiência cognitiva e, portanto, a estratégia mais humana é simplesmente apaziguar).

Como é de se presumir, o típico professor de direito evita a TCR e espera que ninguém que a defenda o persiga, já que a maioria das pessoas tem coisa melhor a fazer do que ser ofendida por causa de algo com o qual nem se importa muito. O fato de que os principais defensores dessa ideologia costumam ser pessoas não brancas faz com que a crítica à "teoria" seja particularmente intimidadora para muitos. Quem se dispõe a abordar a TCR para além de falácias polidas será descartado como racista caso proponha esse debate num espaço em que seja, de fato, ouvido. Se for não branco, é simplesmente ignorado, como aconteceu com Randall Kennedy, professor negro de direito de Harvard, após um artigo de 1989.

Como tal, seus princípios têm se infiltrado na vida real, a ponto de a maioria dos Eleitos nem sequer ter ouvido falar do trabalho teórico em si, do mesmo jeito que aqueles que defendem "direitos" dos mais variados tipos normalmente não sabem nem recitar Locke. Os ideais da TCR agora estão impregnados na extrema esquerda. *Não basta não ser racista — sejamos antirracistas*, de Robin DiAngelo, por exemplo, parece um exercício bizarro de controle mental criado por alguém inclinado à manipulação e à busca de lucro. Mas isso é uma interpretação equivocada: trata-se de um livro didático baseado em princípios fundamentais de seminários de teoria crítica da raça, algo em que sua autora acredita de verdade e promove a partir de um senso de compromisso e benevolência.

Ou: em meio a protestos antipolícia por todo o país, a rádio pública dos Estados Unidos entrevistou a autora de um livro intitulado *In Defense of Looting* [Defendendo a pilhagem]. A obra "ataca algumas das crenças e estruturas centrais da sociedade cis-heteropatriarcal racial capitalista" e argumenta que direitos de propriedade "não são fatos naturais, mas construções sociais que beneficiam poucos à custa de muitos, sustentados por ideologia, economia e violência estatal". Então quer dizer que chutar o pau da barraca e sair queimando tudo significa progresso? Essa forma de ver as coisas remonta diretamente às prescrições que vimos Regina Austin apresentar.

Não há melhor forma de ilustrar esse legado do que o que aconteceu na reunião do conselho escolar da cidade de Nova York em 2020, disponível *on-line*, na qual pessoas perfeitamente sãs jorram, com toda a seriedade, uma retórica tirada diretamente do manual dos Eleitos, recitam *Não basta não ser racista — sejamos antirracistas* e *Como ser antirracista* como se fossem epístolas de São Pedro recuperadas e mandam que as pessoas as leiam, mesmo que elas mesmas sejam incapazes de explicar tais princípios e de se envolver em atividades significativas por causa de sua intolerância distanciadora de quem não pensa da mesma maneira.

O ponto alto da reunião foi um Eleito branco que ficou indignado com um caucasiano que estava com uma criança no colo, alegando que uma cena desse tipo causava dor "para eles" (ou seja, para nós, pobres negros, para quem ver uma coisa daquela era como ver nossos filhos sendo acariciados por David Duke). Não importava que, no fim das contas, esse homem fosse amigo íntimo da mãe da criança e que seus filhos estivessem crescendo juntos. Na internet, esses Eleitos parecem, com toda a sinceridade, um bando de idiotas egocêntricos. No entanto, são, em última instância, descendentes inocentes dos universitários do fim dos anos 1990, que viviam carregando por aí livros de Crenshaw, Gotanda, Peller e Thomas (as primevas antologias TCR).

Por que brancos se tornam Eleitos?

E foi assim que uma teoria jurídica obscura passou a, agora, alimentar um *modus operandi* que leva a suspensões, demissões e humilhações indefensáveis por todo lado, enquanto apoiadores veem isso como a justiça sendo feita, como preparativos para um admirável mundo novo.

Porém, por que essa forma de pensar sairia de seminários jurídicos e se espalharia para o resto do mundo? O que foi que as pessoas viram de tão atrativo nessa ideologia para não apenas adotá-la como crença de vida, mas para chegarem até a se sentir confortáveis insultando, maltratando e destruindo vidas com base nisso?

É uma questão particularmente importante, já que a teoria crítica da raça é vista como "loucura" para quem está de fora. Consigo pensar em poucas construções intelectuais que, à primeira vista, pareçam menos propensas a se infiltrar nas cozinhas e salas de estar (além da desconstrução, que não conseguiu!). A teoria crítica da raça faz o marxismo parecer algo banal. Todavia, aqui estamos, com pessoas comuns canalizando os princípios da teoria crítica da raça — e talvez até tocando ukulele! Por quê?

A resposta varia dependendo de se a pessoa é branca ou, para usar o termo do momento, não branca.

Com brancos, ser Eleito é o resultado natural da transformação de uma *esquerda reformista*, conforme a denominação dada pelo filósofo Richard Rorty em seu livro *Achieving Our Country*, em uma *esquerda cultural* após os anos 1960. Tudo começa com a proposição de que o sistema norte-americano é comprometido demais para que uma reforma valha a pena, e de que a verdadeira justiça exigirá que todo o nosso conjunto de valores culturais mude. Quanto à desconstrução literária, considera-se uma ideia interessante que merece "um lugar ao sol". No entanto, um resultado quase inevitável é uma virada para dentro desses seguidores, a partir da qual seus compromissos passam a ser motivados por como se sentem sendo *alguém com a mensagem*, e não pela mensagem propriamente dita.

Como Rorty expressou nesse livro, o indivíduo passa a sentir que a autoexpressão é, por si só, uma forma de persuasão, porque, ao ter os ideais "corretos", a forma como ele se sente deve, por si só, ter certa autoridade moral e até lógica. Nenhum ser humano é capaz de ficar sentado revisando princípios básicos diariamente, e, assim, após um tempo, esse esquerdista cultural passa a supor que seus sentimentos, por si só, são uma espécie de manifesto político.

O resultado é o que Nick Srnicek e Alex Williams chamaram de "política popular", na qual um dos principais atrativos, parcialmente tomando como base a ideia de que desabafar é o mesmo que raciocinar, é que podemos "reduzir a complexidade a uma escala humana". O eleiticismo é apresentado como algo complexo — ou seja, exigindo o "esforço" que vivem nos dizendo ser necessário —, mas também, já que é motivado por uma singela busca por mostrar que não somos racistas, como uma coisa relativamente fácil. E o fácil é sempre atraente para todos nós. Ou seja, o eleiticismo é uma espécie de gambiarra política.

O poeta Czesław Miłosz disse que a conformidade proporciona uma sensação direta de prazer e alívio. Quem de nós não gosta da sensação de ter tudo resolvido? Aquela alegria ao resolver um problema matemático, a paz ao entender o principal motivo de um relacionamento romântico ter acabado ou até mesmo o conforto ao perceber que o aplicativo que baixamos para o celular também aparecerá no tablet sem que precisemos fazer o download de novo — a sensação de que tudo o que temos de fazer é pressionar um botão e pronto, tudo se resolve, pode ser maravilhosa.

O eleiticismo é mais uma de uma sucessão interminável de filosofias políticas que oferecem essa sensação de coerência. É capaz de exercer um chamado ainda mais irresistível do que muitas outras, como o marxismo, com seu objetivo principal mais imediato. O marxista se dedica a um proletariado abstrato, muitas vezes difícil de motivar ou até mesmo de reconhecer na vida real. Os Eleitos se dedicam a, por assim dizer, George Floyd, alguém que não era uma abstração.

Claro, ser um verdadeiro Eleito significa abraçar uma culpa autoflagelante por coisas que você não fez. No entanto, por mais estranho que pareça, isso pode até mesmo ser reconfortante. É uma forma de "masoquismo ocidental", como nos disse o filósofo Pascal Bruckner. O comentarista Douglas Murray acerta em cheio quando afirma:

> As pessoas abraçam [o eleiticismo] porque gostam disso. É algo que as eleva e as exalta porque, em vez de serem responsáveis por si mesmas e perante aqueles que conhecem, elas se tornam representantes autoproclamadas dos vivos e dos mortos, guardiãs de uma história terrível, e também como as redentoras em potencial da humanidade. Do ninguém que eram, passam a ser alguém.

Era a respeito da visão da esquerda quanto ao islã que Murray se referia, mas a análise se aplica da mesma maneira à atual visão do eleiticismo sobre os negros.

É por isso que o que Émile Durkheim chamou de "efervescência coletiva" explica o estranho fenômeno de Eleitos brancos sendo mais militantes do que a maioria dos negros. Pesquisas têm deixado isso claro, e é algo que fica evidente em casos como o que aconteceu no campeonato mundial de Scrabble em 2020, quando exigiram que a organização proibisse termos racistas. Um tema delicado que abrange diversos pontos de vista, mas o fato de que os jogadores negros não tinham tanto interesse em eliminar essas palavras quanto os brancos já é bem indicativo.

Os Eleitos repetidamente ficam a um passo de dizer aos negros — que supostamente são os objetos de sua veneração e seu eterno compromisso moral — que eles não sabem o que é melhor para si. Por exemplo, cidadãos negros que moram em regiões perigosas normalmente repudiam a ideia de que devemos destituir a polícia devido ao que aconteceu em casos como o de George Floyd. No entanto, a narrativa dos Eleitos — amplamente divulgada pela imprensa popular — ignora essa resistência e a considera apenas como algo para se "levar em consideração" (e de um jeito que poderia facilmente ser considerado como desinteresse). A condescendência aqui é brutal, e o que impulsiona essa quadratura do círculo é o fervor religioso, complementado pela sensação de prazer pessoal que proporciona. A alegria de encontrar a ordem e de se sentir importante sobrepuja a forma como os negros realmente se sentem.

É esse tipo de coisa que leva muitos a pensar que os Eleitos são "loucos", mas muitas vezes argumentou-se que o eleiticismo simplesmente preenche um vazio deixado após a mudança secular entre os norte-americanos pensantes, especialmente após a década de 1960. Sob essa análise, é humano precisar de fundamentos religiosos em busca de uma sensação básica de conforto, de modo que, se uma religião institucional já não mais comporta o pensamento de alguém, alguma ideologia com temas semelhantes assumirá o lugar.

Deixarei que filósofos e teólogos explorem essa possibilidade de forma mais profunda. No entanto, é difícil não perceber a presciência em previsões como as de Sigmund Freud — que ele fez como um alerta, e não como uma celebração:

> Expulsar a religião de nossa civilização europeia só funcionará por meio de outro sistema de doutrinas que, desde o início, encarnaria todas as características psicológicas da religião; a mesma santidade, rigidez e intolerância, o mesmo impedimento de pensar em proteger a si mesmo.

E aqui temos um psicanalista austríaco escrevendo em alemão em 1927 precisamente sobre o que aconteceria no Ocidente cem anos depois por meio de algum livro como *Não basta não ser racista — sejamos antirracistas* sendo empunhado em reuniões de pais e mestres, e organizações pagando US$ 20 mil para autores como Ibram Kendi por uma entrevista de quarenta e cinco minutos via Zoom. Não usamos a palavra *religião* para descrever essas peculiaridades modernas, mas perceba como parece perfeitamente adequado quando a empregamos.

Desmantelar estruturas hegemônicas?

Aqui, então, está a razão pela qual, para um movimento supostamente ativista, os Eleitos muitas vezes parecem preocupados de um jeito um tanto oblíquo com o ativismo. Eles insistem que o que estão fazendo não é fundar um substituto para o protestantismo, mas sim agir com base no que já vi definirem como "uma responsabilidade contínua dos brancos para com a desconstrução de nosso próprio privilégio e da onipresença sistêmica da supremacia branca".

Ah, a sedução da linguagem…

Porém, para fomentar uma sociedade em que os brancos não sejam os supremos de uma forma que transformasse a vivência das pessoas presas sob o peso dos efeitos do racismo institucional, *é necessário* que presidentes e diretores de fundações não governamentais sejam forçados a renunciar a seus cargos porque a declaração lançada pela instituição em defesa do Black Lives Matter depois do assassinato de George Floyd não foi *longa o bastante*?

Para transformar a vivência das pessoas presas sob o peso dos efeitos do racismo institucional foi *necessário* que, em 2018, quando uma mulher numa festa organizada por um funcionário do jornal *Washington Post* fez *blackface* para ridicularizar um comentário recente da jornalista Megyn Kelly, ela não tenha apenas sido repreendida, mas também demitida e tratada como uma herege revoltada, indigna de interações civilizadas? Fazer *blackface* foi imprudente, isso é indiscutível. Trata-se de uma prática que, no fim da década de 2010, já estava para além dos limites do senso de humor da maioria das pessoas sensatas, mesmo que por ironia. No entanto, a mulher claramente o fizera para demonstrar apoio diante da enxurrada de críticas contra Kelly. Só mesmo no fim da década de 2010 um erro tolo como esse seria considerado motivo suficiente para demissão, depois que acusadores alegaram que ela transformou a festa num espaço "inseguro", como se a moça tivesse simplesmente entrado no evento fingindo ser Oprah Winfrey. Teve quem não apenas a perseguisse, mas também se dedicasse a fazê-la perder o emprego por tal transgressão de etiqueta. E conseguiram, chegando mesmo ao ponto de pressionar o anfitrião da festa a revelar o nome dela para que pudessem persegui-la ainda mais.

O episódio envolvendo Gary Garrels merece uma análise mais profunda. Ele foi demitido por usar um termo. Enquanto isso, a menos de dois quilômetros de distância, no bairro Tenderloin, de São Francisco, há enormes grupos que não conseguem pagar por moradia e vivem em tendas improvisadas nas ruas. Se a censura dedicada ao léxico de Garrels tem alguma conexão com as "estruturas" que mantém essas pessoas na rua, é uma ligação brutalmente indireta.

E ainda assim, os Eleitos que defenestraram Garrels continuam falando de desmantelar "estruturas". *Estrutura* é uma palavra de origem latina que soa autoritária, ainda mais quando precedida por um termo dramático como "desmantelar". *Hegemonia*, outra palavra favorita dessa gente, é intimidante à sua própria maneira, já que é tão fácil pronunciá-la errado. Lá no fundo, muitos podem falar errado ("hegemônia"), o que faz com que dominar a forma correta de dizer e até mesmo escutá-la confira certa sensação de importância.

Mas essas são questões estéticas. Por trás dessas grandes palavras e frases ameaçadoras, muitas vezes há uma lógica tão frouxa quanto a que é possível ouvir de um porta-voz de Donald Trump. Demitir Garrels não "funcionou" para "desmantelar estruturas", que continuaram iguaizinhas lá em Tenderloin, a uma caminhada do museu. "Funcionou" para que seus inquisidores se sentissem nobres e *parecessem* nobres uns para os outros. Eles estavam cumprindo seu dever como fiéis religiosos expondo sua fé, e não batalhando por uma mudança social.

É como as cabaninhas das crianças, coisa que elas adoram fazer, às vezes ao ar livre, como um abrigo, e outras vezes dentro de casa, com cadeiras, almofadas e cobertores. Pode ser que um adulto pergunte para que servem, e os pequenos têm suas respostas. As montadas do lado de fora são para defendê-los contra os filhos do vizinho — mesmo que sejam todos superamigos. As de dentro são para que tenham um espaço cujo acesso seja proibido aos adultos — como se os grandões fossem querer se abaixar para entrar ali, como se as crianças não tivessem seus quartos para onde possam ir nos quais os adultos raramente entram a não ser para ler historinhas para elas dormirem, e como se realmente elas quisessem se manter longe.

Crianças fazem cabaninhas porque gostam de fazer cabaninhas. Quase sempre, depois de terminarem a construção, não passam muito tempo dentro delas. Aqueles que afirmam que o "esforço" da conscientização a respeito do privilégio branco é um prelúdio para ações políticas são como crianças fingindo que as cabanas servem para proteção. É reconfortante dizer que toda essa retórica e falta de consideração são necessárias para mudar as "estruturas". Mas o verdadeiro motivo para que estejam se dedicando a esse prelúdio suspeitosamente longo é que há um prazer que quase todos nós sentimos com a hostilidade. A maioria das pessoas não dispostas a exercer hostilidade não se importa em assisti-la sendo direcionada a outras.

Faz parte da natureza humana. Gostamos de hostilizar os outros como parte de um bálsamo contra a dor que aflige a nós mesmos. É o *ressentimento*, a culpa dos civilizados: e isso não sou apenas eu que afirmo, mas Nietzsche e Freud, o cânone humanístico. Espere aí... então quer dizer que para sermos esclarecidos devemos rejeitar esse conceito e considerá-lo apenas como desabafo de alguns brancos mortos? Tudo bem, tentemos o seguinte, então: quem não se sente sequer um pouco aliviado ao confrontar alguém e gritar "Não!"? Ou "Babaca"? Ou... "*Herege*"?

"Como ele *ousa* desconsiderar tudo o que nós..." Mas, sim, eu ouso, e não apenas ouso, mas faço de propósito. E aqui vai o porquê. Se a filosofia dos Eleitos realmente se preocupasse com mudar o mundo, seus fiéis viveriam ávidos para sair por aí promovendo a mudança, assim como faziam Jane Addams e o dr. King.

Persuadir os seguidores a continuarem sentados e se envolvendo em exercícios de autoanálise em vez de saírem para fazer coisas reais para pessoas reais que precisam de ajuda seria um problema para os membros desse grupo. A sorumbática performance artística que compõe a conexão para que revivam as dificuldades dessas pessoas no mundo real pareceria trivial. Provocaria repulsa e rejeição de quem inicialmente houvesse sido atraído por algo promovido como dedicado à mudança, até que percebessem que se tratava de uma ideologia devota apenas à autogratificação.

Demitir algum branco aleatório por ter dito "racismo reverso" pareceria exatamente o que é: teatro. Eles iriam querer chegar até as pessoas entristecidas e amontoadas a pouca distância, nas calçadas da cidade, e pressionariam os deputados estaduais para garantir que ninguém mais vivesse esse mesmo tipo de situação difícil. Seriam como as Dorothy Days modernas. Ou seja, seriam *ativos politicamente* daquela forma considerada normal, urgente e louvável até pouco tempo. Se essas crianças realmente estivessem interessadas em se defender dos filhos dos vizinhos, é pouquíssimo provável que construir uma barraquinha fosse uma estratégia significativa.

Os Eleitos nos ensinam que todas essas acusações e queimas de livros, que todas essas viradas de cabeça, todos esses *pliés* e reboladas são necessários antes de começar o trabalho de verdade, mas nunca nos explicam o motivo. Talvez a ideia seja de que mesmo que toda essa encenação não tenha sido necessária para nos trazer até onde estamos *agora*, por algum motivo precisamos dela para nos levar adiante. Mas essa interpretação sou apenas eu tentando extrair algum sentido. Perceba que os Eleitos nunca oferecem uma justificativa, e vamos ser sinceros: se oferecessem, seria inconsistente.

Certo. Temos que ensinar as pessoas, por meio da demissão de Garrels, a nunca falar "racismo reverso". Muito bem, então quer dizer que quando estivermos a salvo dessa expressão e de outras assim, o povo de São Francisco se erguerá aos milhares e forçará os legisladores a garantir que ninguém nunca mais durma numa tenda na calçada? Tudo o que posso perguntar é: *Mas que porra é essa?* E não, não exagerei a situação nem um pouco. Qual é a verdadeira intenção dos Eleitos ao fazer indivíduos como o tagarela Garrels serem demitidos? Como todo esse fogo e enxofre — e a analogia é proposital — se relaciona ao destino de quem está realmente sofrendo?

"Agora respire", como Robin DiAngelo, gentil que só, aconselha em sua cartilha religiosa. Porém, assim que respiramos, espera-se que demitamos Garrels por blasfêmia — coisa que não surtiu o menor efeito sequer sobre uma única pessoa em sofrimento. É nesse nível que estamos agora.

O eleiticismo é fácil

O apelo do eleiticismo também provém do fato de que, por mais que seus admiradores afirmem que tais assuntos sejam complexos, é uma filosofia que, na realidade, se fundamenta em aspectos cognitivos bastante básicos. O eleiticismo é, no fim das contas, *fácil*.

Exemplo: uma das coisas mais estranhas no livro *Não basta não ser racista — sejamos antirracistas*, de Robin DiAngelo, é que ela escreve que os brancos pensam em si mesmos como uma categoria padrão, e não como "brancos" — o que é verdade —, mas depois os descreve como uma tribo carrancuda protegendo seus similares e defendendo a branquitude contra incursões da turba não branca. Esse é um mote geral dos Eleitos. Espera-se que imaginemos a assistente administrativa que conhecemos como alguém que, por um lado, não entende que é "branca", mas que de vez em quando semicerra os olhos e vota por um candidato branco para o Senado, aí então motivada a defender o poder dos brancos com os quais ela, de repente, se identifica.

A razão para essa contradição tão escrachada é que se trata do produto dos fundamentos da cognição humana. O filósofo Robert McCauley notou, por exemplo, que o pensamento religioso, universal para os humanos e menos antinatural cognitivamente do que a ciência, tende à antropomorfização. Isso explica a atração à demonização de um "diabo branco", mesmo que, em outros momentos, seja pedido para que não se estereotipe. A preponderância do pensamento religioso se sobrepõe ao científico, que é menos natural. E é por isso que os Eleitos se sentem tão confortáveis em parecerem tanto com Louis Farrakhan.

Isso também explica a atração para termos como *racismo social, racismo estrutural, racismo sistêmico* e *racismo institucional*. Todos carregam uma insinuação de que a batalha deve ser contra o mesmo racismo que associamos à figura do intolerante e "colocam um rosto" em algo que, do contrário, seria proibitivo de tão assustador para compreender. Por décadas, as pessoas têm discretamente esbarrado nesses termos e, com culpa, pensado: *será que não há diferença entre desigualdade e preconceito?*, para acabarem decidindo não correr o risco de perguntar, nem mesmo para si mesmas. O obstáculo vem do fato de que esses termos que usam *racismo* são antropomorfizações, de um tipo motivado pela suspensão da descrença.

McCauley também observa que o pensamento religioso enfatiza atitudes individuais e relações simples de causa e efeito. Isso explica a ideia de que esses "brancos" malevolentes se unem e resistem às incursões em suas prerrogativas. Brancos como um grupo — ou seja, em nível nacional — na realidade não "fazem" absolutamente nada que corresponda a essa visão da qual tanto ouvimos falar em certa vertente da extrema esquerda seguindo a retórica negra desde os anos 1960, mas que agora ouvimos vindo de brancos também. Acontece que para os Eleitos a realidade é menos importante aqui do que a narrativa — uma proeminente característica da "teoria".

A linguagem dos Eleitos navega com habilidade pelo espaço entre a realidade e a retórica com a palavra *função*. "A função de X é manter os negros presos em..." é o que dizem, sendo que X é uma abstração sem intenção alguma, e por isso não é capaz de "manter" ninguém em nada. No entanto, um termo latino como *função* faz duas coisas: (1) implica um raciocínio mais elevado por ser uma palavra formal, e (2) mantém a natureza exata dessa tal coisa "feita" a uma distância mantida pela abstração da palavra, porque perguntas verdadeiras parecem irrelevantes quando é preciso fazer justiça.

Observe que eu não disse que eles querem simplesmente desviar questões reais por causa de algum sentimento pessoal de inadequação. O fato é que não sentem uma necessidade fundamental de serem meticulosos ao abordar esses assuntos, pois acreditam que sua visão é correta e incontestável, de forma que supera qualquer preocupação com exatidão. O monsenhor pode refletir pensando no motivo de Deus permitir tanto sofrimento — e, por minha experiência, tende a questionar com mais ardor do que os Eleitos refletem sobre a nova religião que tanto apreciam —, mas, no final das contas, para ele, a graça de Jesus é muito maior do que quaisquer detalhes insignificantes. O coração dos Eleitos reside na luta contra o racismo e na prova de que se comprometem com isso. Para eles, "ter a função de" já é o suficiente; afinal, quem foi que matou Trayvon Martin, Michael Brown, Tamir Rice e George Floyd? *Os brancos são demônios, só isso importa, e nos deixem fazer proselitismo.*

Os Eleitos, então, apesar do nível geral de formação e do vocabulário rebuscado, se engajam mais pela intuição do que pela

3 - O que atrai pessoas para essa religião? | **89**

busca de respostas, e assim vão, silenciosamente, deixando para trás as orientações básicas da investigação científica para devolver o protagonismo — para usar um dos termos favoritos dessa gente — às emoções, incluindo o tipo atávico de sentimento que clama para que pessoas sejam não apenas criticadas, mas punidas. Michael Lind é tão certeiro no que afirma sobre os Eleitos que chega a ser deprimente:

> Eles estão revivendo a abordagem religiosa pré-liberal e pré--moderna, concebida como uma congregação dos virtuosos e dos que pensam parecido. Ou se é verdadeiramente fiel ou então se é herege. Não pode haver transigência com pessoas más, e a principal medida da maldade não são ações — [como se] engajar em casos de discriminação evidente baseados em raça —, mas sim exibir atitudes desaprovadas e se recusar a usar uma linguagem ritualizada e politicamente correta.

Uma das coisas mais curiosas em termos cognitivos sobre os Eleitos é que, apesar de serem tão articulados e tão convencidos de que possuem uma sabedoria da qual o restante de nós carece, no fundo, são mais parecidos com as pessoas que chegam com foices e tochas do que com os redentores tão bem informados que eles acreditam ser.

Os negros adotam o eleiticismo para se sentirem completos

Isso nos traz aos motivos que fazem os negros escolherem ser Eleitos. Não pode ser pelo prazer de se orgulharem por defender outro grupo, porque *eles* são o próprio grupo. Pessoas negras com certeza não estão querendo exibir virtude umas para as outras. Por si só, a condescendência na filosofia dos Eleitos a respeito dos negros faria com que, em outras circunstâncias, o eleiticismo fosse tão branco quanto movimentos de extrema direita, e não se trata apenas de termos preconceituosos ou até mesmo dos policiais. Será que somos tão frágeis a ponto de não aguentarmos ver uma pessoa branca segurando uma de nossas crianças no colo?

Considere também a ideia de que nosso principal foco deve ser sempre expor qualquer resquício de preconceito racista, com a implicação de que tal preconceito é um obstáculo definitivo para o sucesso dos negros. Mas acontece que nenhum argumento desse tipo jamais foi feito para qualquer outro grupo na história da espécie humana. Nós, e apenas nós, devido a algo peculiar quanto às condições pós-industriais de uma nação, só conseguiremos realmente olhar para o futuro depois de revolucionarmos práticas básicas. Nós, e apenas nós, precisamos de uma vasta transformação nas práticas psicossociais e distributivas em um experimento democrático funcional, apesar de suas falhas, no qual o racismo explícito é proibido num grau até então inédito na história humana até cinco décadas atrás, e num nível que seria considerado ficção científica ainda três décadas atrás.

Essa ideia retrata os negros como mental e espiritualmente deficientes, como se fossem crianças e, ainda assim, muitos negros a abraçaram com uma sinceridade emotiva e, com entusiasmo, aderiram ao Catecismo das Contradições. Por que tantos negros se contentam com isso?

Pode ser contraintuitivo, mas uma das principais razões é a insegurança.

Não surpreenderá ninguém que pessoas tratadas como animais por séculos, durante a escravidão, o sistema de segregação racial de Jim Crow e a discriminação imobiliária tenham acabado com uma autoimagem racial prejudicada. Não há nenhuma terra natal para se rememorar, já que, por exemplo, uma mulher negra de Atlanta é muito mais parecida com uma mulher branca do que com uma mulher do Senegal. Os afro-americanos nunca ocuparão uma nação separada para recomeçar. Somos tudo o que temos, e nos anos 1960 algo estranho aconteceu.

A segregação foi proibida, e a forma como os negros eram tratados começou a mudar com uma rapidez sem precedentes. Em 1960, o povo negro vivia sob o impiedoso sistema de segregação racial conhecido como Jim Crow, e muitos brancos, até mesmo os mais instruídos, mal entendiam quando eram acusados de preconceito. Pense em como a maioria dos personagens de *Mad Men* se sentiam, isso se é que se importavam, em relação à raça. Quando 1970 chegou, o sistema Jim Crow havia desaparecido, e os brancos instruídos, pelo menos, estavam profundamente cientes do que o preconceito racial significava, com novos termos como *racismo sistêmico* agora sendo praticamente inevitáveis.

Foi uma maravilha. Hoje, este acontecimento é pouco reconhecido, principalmente sobre uma nação que agora nos dizem ser moralmente irredimível quanto a questões raciais. No entanto, foi um fenômeno que trouxe um efeito colateral inesperado. A segregação havia sido proibida de forma judicial, e os afro-americanos não tiveram que aguentar o longo e lento processo de conquistar a autossuficiência. No geral, foi um avanço moral para o país o fato de uma minoria não ter que simplesmente se conformar com o pior e não questionar. Nenhum de nós gostaria de retroceder e ver tudo acontecer de novo sem o Ato dos Direitos Civis de 1964, o Ato dos Direitos Eleitorais de 1965 e o Ato para a Justiça de Moradia de 1968.

No entanto, o efeito colateral foi irônico: significava que pessoas negras não podiam sentir um orgulho básico por terem percorrido todo esse caminho apesar do descaso e dos obstáculos impiedosos que, mesmo que devagar, ultrapassamos e superamos. Coordenar o movimento dos Direitos Civis? Isso nós fizemos, e funcionou. Contudo, o importante era mudar as regras, o que, de certa forma, foi menos útil para fomentar um orgulho instintivo, verdadeiro e inquestionável. Não podíamos dizer que havíamos chegado lá com muito esforço apesar de os brancos não mudarem em nada.

Os negros nunca estiveram tão arrasados e "esvaziados", como argumentava Randall Robinson, e o motivo pelo qual crianças negras escolheram bonecas brancas no famoso experimento de 1950 era uma autoimagem racial prejudicada. Até mesmo as crianças negras já haviam sido marcadas pela ideia subliminar de que os brancos eram melhores do que elas. Uma década depois, após as vitórias dos Direitos Civis, a orgulhosa disseminação de slogans como "*Black is beautiful*" [Negro é beleza] eram, de certa forma, um sintoma desse mesmo complexo de inferioridade. O que se destacava era o fato, por si só, de que esse tipo de mensagem precisava ser enfatizado.

Ou leve em consideração o movimento Black Power, então. Se usássemos uma máquina do tempo para voltar ao passado, lá para cerca de 1970, e conversássemos com diversos líderes e pessoas influentes da militância, encontraríamos muita discordância a respeito do que o termo significava (fora ser uma variação de retórica impactante de "*Black is beautiful*"). Era um lembrete de que os negros podiam ser fortes — só que, repetindo, um lembrete necessário, que também indicava como havia pouco a ser feito. E isso deixou um vazio que ainda não foi preenchido.

Em circunstâncias como essa, um povo busca uma sensação substituta de orgulho e identitarismo positivo. Um "improviso" disponível era o *status* de vítima nobre. Para todos, exceto os seguidores mais apaixonados das pessoas negras, sempre foi sutilmente óbvio que grande parte de nosso discurso sobre raça envolve certo exagero do quão preconceituosa a maioria das pessoas brancas é e do quão contrária ao sucesso dos negros a sociedade tem sido desde cerca de 1970. O racismo, em todas as suas facetas, é real, mas desde o final da década de 1960, um contingente de estudiosos negros tende a insistir que as coisas estavam tão ruins quanto em 1940, o que deixava até mesmo muitos negros que realmente viveram o sistema de segregação racial Jim Crow um tanto perplexos e até mesmo desanimados.

Há um motivo para esse exagero. Se alguém carece de uma sensação gerada internamente que indique o que o legitima, o que o torna especial, então um substituto a calhar é a ideia de se considerar um sobrevivente. Se a pessoa for insegura, uma estratégia a calhar é apontar o que outra está fazendo de errado — todos lembramos desse tipo de gente da época da escola —, ainda mais se a ideia for de que estão errando com *você*.

3 - O que atrai pessoas para essa religião? | **93**

Antes do final da década de 1960, eram pouquíssimos os norte--americanos brancos que chegavam a considerar ouvir as perspectivas dos negros sobre esse assunto. No entanto, uma vez que uma quantidade crítica de brancos começou a prestar atenção, o cenário estava pronto para uma mudança significativa no que era visto como um pensamento negro "autêntico". Os brancos — ou pelo menos uma quantidade significativa deles — passaram a considerar apaziguar as queixas dos negros como uma missão. Isso permitia que um negro, se assim escolhesse, pudesse construir sua identidade baseada em apontar o "racismo no ar", mesmo que a dura realidade do preconceito clássico estivesse rapidamente se tornando coisa do passado.

O que acabei de descrever foi articulado com perfeição por Shelby Steele, minha primeira inspiração quanto a questões raciais. Quem deseja compreender de verdade como foi que grande parte do que nos frustra em nosso diálogo sobre raça passou a ser impulsionado pela insegurança não pode deixar de consultar o livro *The Content of Our Character*, de Steele. É um livro que está ficando antigo agora, mas do mesmo jeito que o vinho amadurece.

Faz muito sentido que "a questão racial" se pareça com a fé religiosa

É só quando entendemos essa insegurança no âmago da identidade da pessoa negra contemporânea que a receptividade do movimento negro com o eleiticismo faz sentido para quem vê de fora. Vinte anos atrás, um rapper negro, numa entrevista a um repórter branco, ao tentar justificar a violência nas letras de suas músicas, chegou a admitir: "Sou válido quando sou desrespeitado". Isso é, por si só, algo estranho para qualquer ser humano dizer. Mas acontece que, para muitos negros, apontar o desrespeito que se recebe é um impulsionamento fundamental para o senso de propósito e de autovalorização do indivíduo.

Em 2020, após o assassinato de George Floyd, por um tempo choveram tuítes e editoriais que se autoanulavam. Alguns vinham de pessoas negras irritadas por verem pessoas brancas lhes escrevendo para demonstrar solidariedade em vez de ir para as ruas ("Não preciso de mensagens de 'carinho' de meus amigos brancos"). Outras de negros com raiva porque os brancos *não* escreviam para demonstrar apoio nas redes sociais ("Porque não dizer nada, na verdade, diz muita coisa"). Os primeiros afirmavam que queriam que as pessoas usassem os pés em vez dos dedos, mas os últimos já se satisfaziam apenas com o apoio dos dedos mesmo.

Era capaz de as pessoas brancas ficarem perdidas, sem saberem o que fazer, já que os espectadores "curtiam", felizes da vida, ambas as linhas de acusação. Alguns veem esse tipo de situação como as pessoas negras intencionalmente criando cortinas de fumaça, mas na verdade não se tratava de nada tão planejado. O que acontecia era que indivíduos que não se conheciam estavam encontrando maneiras distintas de cumprir a *maior* diretriz dos Eleitos: ter algo com que acusar as pessoas brancas e usá-lo como uma espécie decadente de orgulho. O fato de as acusações não fazerem sentido não tinha a menor importância (é mais uma característica de nosso catecismo).

Uma das pessoas que conseguiram fazer com que a mulher que compareceu à festa do *Washington Post* de *blackface* fosse demitida disse que só começou a buscar a demissão da moça depois do evento, e não durante, porque, como uma pessoa negra, havia se sentido "insegura" em fazer isso lá. No entanto, podemos ter certeza de que os outros convidados do evento sentiram graus variados de empatia perante seu desconforto com a pintura no rosto, e, só para deixar registrado: essa pessoa tem 1,85 metro de altura. É difícil acreditar que ela realmente tenha se sentido insegura, seja fisicamente ou mesmo socialmente; sendo bem sincero, é uma desonra para ela fingirmos que poderia ter se sentido ameaçada de fato.

Muitos leitores se lembrarão de ocasiões em que viram um negro falando sobre o racismo que os negros enfrentam com um sorriso no rosto. E esquecemos como isso é esquisito. Em 2020, o adolescente negro que, durante um dos protestos do movimento Black Lives Matter em Seattle, gravou a si mesmo dizendo aos brancos que os negros são "mais santos" devido ao sofrimento que enfrentamos sorria como se estivesse dizendo como o almoço estava gostoso. Isso acontece porque, se a nobreza da vitimização é a base de sua autoestima, falar do racismo que você enfrentou é uma representação pessoal proativa, do tipo que praticamente qualquer um faria com uma energia vital, aproveitando o momento, as interações e a chance de compartilhar vivências.

A parte de compartilhar vivências é fundamental. Ser um Eleito negro é desenvolver uma sensação de pertencimento. O que também é atrativo para os Eleitos brancos, mas pode exercer um apelo particularmente poderoso para pessoas negras. Muitos negros estudados se digladiam com o sentimento de que outros podem vê-los como desertores de suas comunidades, como desinteressados do que costumava ser chamado de "a luta". Uma maneira de aliviar essa sensação de "filho pródigo" é adotar a identidade de um negro atormentado, a partir do qual se une a todas as pessoas negras independentemente de classe social ou nível educacional, pela experiência em comum de sofrer discriminação.

Mas o importante aqui é que, para um negro, ser um Eleito pode se equiparar a um cobertor quentinho. É pertencer a alguma coisa. Qualquer um que questione sua negritude por causa de seu discurso, aparência, interesses ou ascensão social provavelmente se calará caso a vítima também esteja nas trincheiras denunciando o racismo em sua universidade — ou, mais tarde, no ambiente de trabalho, na cidade ou no país. Marx, em seu Discurso Inaugural para a Associação Internacional dos Trabalhadores em 1864, alertou para a "solidariedade da derrota", na qual o que energiza o senso de grupo das pessoas são os obstáculos impostos por um inimigo superior. Marx considerava isso um padrão passageiro e incentivava uma verdadeira revolução. O que é compreensível como uma espécie de terapia. Humanos procuram o orgulho onde podem encontrá-lo.

Deve ficar claro, então, que grande parte do que pode parecer confuso sobre a perspectiva de muitos negros em relação ao racismo não se deve à manipulação, mas sim ao preenchimento de um vazio, coisa que todos os seres humanos buscam de várias formas. Negros que insistem que a população negra é incapaz de progredir para além do razoável até que sentimentos racistas deixem de existir, fenômenos sociais deixem de produzir disparidades raciais e que todos consigam recitar a história social do povo negro estão buscando sua própria evolução. Sua alienação é terapêutica.

A eleiticização dos negros não é novidade

Logo, é curto o caminho entre a celebração da narrativa "comunitária" da teoria crítica da raça em detrimento da verdade empírica e essa mentalidade mais moderna na qual o exagero é permitido como uma espécie de alternativa à honestidade. Inclusive, as sementes para essa mentalidade foram plantadas muito antes.

Muitos leitores podem ter percebido que esse tipo de ideologia sobre o qual me refiro não começou em 2020, ou até mesmo em 2010 ou 1990, e tem sido particularmente familiar a certo grupo de pessoas negras já há muito tempo. Foi nos anos 1960 e 1970 que buscar não apenas a transformação social, mas também psicológica, se tornou o padrão dos intelectuais negros, uma missão frágil e bastante infrutífera cujos resultados importavam menos do que proporcionar um motivo contínuo para manter o pessimismo.

Aqui deixo um trecho de uma palestra que realmente aconteceu em 1970 na qual um psiquiatra negro chamado Cobbs confronta uma mulher branca:

> MULHER: Não me importo com você, com sua cor ou qualquer outra coisa, eu me importo com cada pessoa aqui como um indivíduo.

> COBBS: Você está mentindo, está mentindo, está mentindo!

MULHER: Por quê?

COBBS: Se eu dissesse "você parece um menino para mim, alguém que simplesmente não tem nada de mais", você diria que estou louco porque você é uma mulher. (...) Se eu pudesse neutralizá-la de alguma forma, isso é o mesmo que os brancos fazem com os negros.

Muitos reconhecerão isso como o que acabou virando o "processo de cura racial" nas sessões defendidas por Robin DiAngelo em *Não basta não ser racista — sejamos antirracistas.* Esse fenômeno veio muito antes dela, e já era tão superficial e inútil quanto é agora.

Essas reuniões ilustram que, entre os negros, o tipo de pensamento dos Eleitos tem se estabelecido em grande escala há muito tempo. O que distingue nossa era é a quantidade de brancos que adotaram a política do radicalismo negro desde meados de 2013, e principalmente desde 2020. Em outras palavras: em essência, a nova fase dos Eleitos é uma turba crítica de pessoas brancas que acabaram passando a pensar como um grupo carismático de pessoas negras de extrema esquerda tem pensado há décadas.

A resposta de algumas pessoas negras para isso será que a nação dá ouvidos à verdade apenas quando são as pessoas brancas que a proferem. Mas a questão é exatamente esta: o que está sendo proferido *não* é "verdade". A extrema esquerda, infinitamente pessimista no que diz respeito à raça entre certo contingente lindamente contracultural de negros, que começou com os *dashikis* e agora ocupa reuniões universitárias que exigem que o corpo docente testemunhe seu racismo, sempre se importou mais com o espetáculo do que com resultados. Apesar de toda a fascinação que exerce, os avanços da comunidade negra dos Estados Unidos desde a década de 1960 ocorreram *apesar* e *não por causa* do radicalismo. Agora, os brancos assumem essa mesma bandeira em nosso nome. Mas quem dentre os nossos dirá que a participação dos brancos é indicativa de que a ideologia da comunidade negra é verdade?

É por isso que, quando a Representante Ayanna Pressley diz, como se não fosse nada, que "se você não está preparado para se dispor a representar essa causa, nem venha, porque não precisamos de mais rostos marrons que não querem ser vozes marrons. Não precisamos de mais rostos negros que não querem ser vozes negras", ela provavelmente não estava pensando em Richard Delgado e em Regina Austin. O que estava era dizendo algo que legiões de negros aplaudiriam desde muito antes de a teoria crítica da raça existir. Ela proferia uma ideia geral de que ser oprimido pelo racismo branco define a condição da existência dos negros, algo vivenciado por todos nós de forma avassaladora, de modo que negar ou minimizar essa experiência pode ser interpretado como desonestidade e, logo, inautenticidade. Os ativistas Stokely Carmichael e Eldridge Cleaver se sentiam tão confortáveis com esse tipo de visão quanto Pressley nos tempos atuais. A diferença hoje em dia é que muitos brancos agora consideram esse ponto de vista não como uma simplificação derrotista de certos militantes negros radicais, mas como uma verdade com a qual têm um compromisso moral de evangelizar.

Quando alguém questiona essa visão maniqueísta do racismo na sociedade moderna, o Eleito negro responde frequentemente com uma fúria violenta. Tem sido assim desde, aproximadamente, 1966 e faz com que os observadores se perguntem por que essa pessoa enfurecida é tão impaciente com opiniões divergentes. Não se trata exatamente disso. Essa ira advém de um sentimento de que todo o seu propósito e sua legitimidade enquanto um ser humano estão sendo questionados e ameaçados. Essa reação não é de todo confusa quando percebemos a sua natureza religiosa.

Outras formas de ser negro

Se procurarmos uma análise do tipo antropológica que explique a posição de nossa sociedade a esta altura, devemos entender que esse modo de pensar dos Eleitos não é universal entre os negros, nem mesmo dominante para além dos altamente graduados.

Por exemplo, uma pesquisa do Pew Research Center identificou algo que é facilmente perceptível na realidade: que a faculdade muitas vezes ensina os estudantes negros a verem os brancos como opressores. Nove por cento dos alunos negros do ensino médio alegam passar por racismo regularmente; entre universitários, esse número dobra e chega a 17,5%.

A partir dessa leitura, somos treinados a pensar que alunos negros passam por experiências racistas no ensino superior que não tinham passado antes, ou então que estudantes negros do ensino médio deixam passar batido aspectos da discriminação que a maturidade torna evidente. É uma resposta razoável, mas que não tem lá muita validade. Vivem nos dizendo que até mesmo adolescentes e jovens negros são desrespeitados e subestimados regularmente. Ou seja, se eu fosse dizer que adolescentes e jovens negros *não* são desrespeitados e subestimados regularmente, muita gente ficaria indignada.

Até mesmo dados de pesquisas sugerem que essa problemática está mais relacionada ao que essas pessoas foram ensinadas a dizer do que ao que realmente sentem. Metade dos negros com formação universitária diz que o racismo a fez temer por sua segurança, ao passo que apenas um terço dos jovens negros afirma a mesma coisa. Todavia, por que o ensino superior deixaria pessoas negras ainda mais expostas à violência física como fruto dos racistas e do racismo? Toda história que retrata policiais abordando estudantes universitários é uma tragédia, mas quem pode dizer que a mesma coisa não acontece com adolescentes? A maioria de nós pode listar alguns nomes.

No entanto, ainda mais nos dias de hoje, será difícil para muitos imaginar que existe, ou que já existiu, uma maneira de pensar a vivência "negra" que não seja a de Ta-Nehisi Coates e Ayanna Pressley. A ideia de que todos os negros, exceto o ocasional traidor, sempre pensaram dessa maneira pode parecer conferir certa legitimidade ao Eleito branco, e também um ar de avanço moral para os brancos que finalmente se juntaram a nós.

Acontece que, muito embora a ideologia Eleita tenha, sim, raízes na história do movimento negro, nunca foi algo nem de perto universal. Um exemplo claro disso é um episódio do seriado *Tudo em família*, de 1971, criado numa época em que era possível supor, e com razão, que todo o movimento negro era guiado pelos escritos de Angela Davis e Amiri Baraka.

Dois jovens negros invadem a casa de Archie, e Mike, o genro "desconstruído", diz a eles com todo o carinho que entende que estão fazendo isso por causa das condições desesperadoras em que cresceram. Os invasores acabam rindo disso, se sentem diminuídos e reconhecem a si mesmos como indivíduos mais complexos do que isso. Vale mencionar que um dos dois é interpretado por Cleavon Little, com a mesma serenidade e perspicácia que ele imprimiu ao seu emblemático papel em *Banzé no Oeste* alguns anos depois. Em outras palavras, a perspectiva dos invasores é retratada como a mais sofisticada das duas.

Isso coloca em xeque a ideia de que o comportamento criminoso de negros ensinará uma lição aos brancos e que a condição negra se resume à opressão. E esse episódio foi escrito por brancos que se consideravam iluminados quanto à "questão racial", algo que o criador do programa, Norman Lear, pensava ser uma característica fundamental. O fato de que a premissa desse episódio pareceria um universo alternativo em um filme de Spike Lee hoje é evidência de que o progressismo se manifesta de forma diferente de acordo com a época. Devemos contrastar esse episódio de *Tudo em família* com algo comum para qualquer passageiro do metrô de Nova York hoje em dia: garotos negros vendendo doces e dizendo: "Só estamos tentando evitar problema", como se fosse inevitável que eles se complicassem caso não estivessem envolvidos no comércio (ilegal) no metrô.

Certo, o episódio de *Tudo em família* foi criado por brancos, e os invasores eram personagens fictícios. No entanto, refletiam o pensamento de muitos negros daquela época que não consideravam de forma alguma inevitável ou justificável que indivíduos negros tivessem um desempenho inferior e cometessem crimes devido à desigualdade. Em 1957, um episódio da série de documentários *See It Now* abordou a segregação e seus danos às vidas negras. Um escritor negro enviou uma carta reclamando que o episódio não mostrava "muitos membros de nossa raça que estão no topo". Para ele, a ideia de manter o sucesso dos negros oculto em busca de fazer os brancos se sentirem culpados não fazia sentido — e qualquer um que queira chamar o escritor da carta de ingênuo deve lembrar que tanto ele quanto todos os envolvidos no seriado cresceram nos Estados Unidos sob Jim Crow.

De forma parecida, na década de 1950, líderes do movimento negro criticaram a série televisa de estilo menestrel *Amos 'n Andy* por não mostrar pessoas negras bem-sucedidas — o contrário do que aconteceu quinze anos depois, quando uma nova geração de autores negros reclamou do seriado *Julia*, que retratava a vida de uma enfermeira de classe média, por não mostrar pobreza e racismo o *suficiente*! Esses críticos eram os novos Eleitos negros. Aqueles que tinham criticado *Amos 'n Andy* haviam conhecido uma nação onde o linchamento era rotineiro e, ainda assim, para a nova geração, o interesse da velha guarda em ver pessoas negras bem-sucedidas na televisão era ingênuo.

Um exemplo mais aleatório: sou um grande fã da comediante Cristela Alonzo. *Cristela*, seu seriado que durou pouquíssimo tempo, era sempre um deleite — eu teria assistido a dez temporadas. Em seu especial de comédia de 2017, ela em vários momentos reconta suposições racistas contra latinos e assume uma expressão de "mas que…!". E toda vez que ela reproduz essa feição, me dou conta de que os Eleitos negros são mais esquisitos do que se supõe, já que não conseguem empregar essa mesma expressão de desdém diante do racismo casual. Eles consideram que o importante é berrar aos quatro ventos, expondo pequenas minúcias de generalização excessiva e confusão como evidência de perversão moral e exigindo a excomunhão de qualquer pessoa responsável por isso.

Se Cristela consegue, por que nós não conseguimos? Ela está sendo uma pessoa psicologicamente saudável. O catecismo dos Eleitos nos ensina que, ao sermos emocionalmente prejudicados, estamos em vantagem. A noção de que ser negro de verdade significa enxergar o racismo casual como algo o mais perto possível da violência física é algo moderno. Parece certo apenas para gente que, lá no fundo, não se sente bem de forma alguma.

ACUSAÇÃO DE TRAIÇÃO EXPLICADA

Uma acusação comum é de que pensadores negros que questionam a ortodoxia dos Eleitos são traidores em busca de um lucro qualquer. A suposição é de que existem negros que decidem ir contra o que realmente pensam — que simplesmente deve ser o mesmo que os Eleitos, já que *viver enquanto negro* é uma tragédia tão incontestável — e se adequar ao que os brancos de direita querem ouvir.

Presumo que os críticos não deduzam que tais pessoas realmente portem suas opiniões de forma honesta, pois isso implicaria que, de algum jeito, é imoral que negros que não concordem com Ta-Nehisi Coates expressem suas visões em público. Isso não faria sentido algum, e presumo que tais críticos são pessoas com sensibilidade. Assim, devem pensar que negros conservadores são desonestos.

Mas já conheci um número considerável e diversificado de negros de direita, e nenhum deles se encaixava na descrição de "traidor da causa". Ou, caso algum deles o fosse, escondeu isso com uma habilidade que somente um ator treinado e talentoso poderia ter. O insulto de Judas é exatamente isso, um insulto. Não tem base na realidade. E eu pergunto: alguém acha mesmo que pessoas assim existem? Quem se casaria com alguém assim? Como essas pessoas poderiam conviver consigo mesmas? Quão comuns são os verdadeiros monstros?

No entanto, existem muitos negros com o hábito de rotular aqueles que discordam deles em questões raciais como vilões de desenhos animados que *de jeito nenhum eles poderiam considerar como algo real.* Repito, estamos no território da religião. A história escrita e até mesmo a memória histórica confirmam que mudanças sócio-históricas significativas podem acontecer por meio de protestos e baderna, mas sem julgamentos parciais, sem sessões de tortura psicológica que buscam castigar quem tenha pensamentos impróprios, e sem policiamento obsessivo da linguagem. Essa realidade empírica e intuitiva não importa para nossos fiéis, porque eles se acostumaram a uma reorientação subconsciente do raciocínio em certo âmbito de existência, devido à atração que sentem por motivos que vão além do âmbito sociopolítico.

Isso explica por que até mesmo visões centristas sobre questões raciais são frequentemente consideradas "traição". A falta de lógica nisso decorre de uma espécie de desespero, nascido de um senso básico de ofensa pessoal. O mandamento básico é de que lutemos contra as diferenças de poder, especialmente o racismo, por meio da disseminação da Palavra. O conservador negro deseja melhorar a vida dos negros da mesma forma que os outros, mas recusa-se a se juntar a essa batalha específica. O conservador negro vê a luta contra o "racismo" como fútil, e busca alternativas para ajudar as pessoas a se desenvolverem ao máximo. Como tal, vão contra a Palavra. Do ponto de vista dos Eleitos, isso não é "uma visão diferente", mas uma heresia. E a heresia provoca raiva.

4

Qual é o problema de ser uma religião? É que prejudica pessoas negras

Uma resposta a um livro como este poderia ser reconhecer que o eleiticismo é uma religião. Há quem possa até considerá-lo uma religião mais positiva do que, por exemplo, a crença de que o filho de Deus morreu por nossos pecados e ressuscitou na esperança de nos envolver em sua eterna graça caso acreditemos nele. O objetivo dessa nova religião é combater o racismo. Quem seria contra algo assim?

Contudo, devemos questionar se a abordagem dos Eleitos realmente dá sinais de que, além de motivar brancos instruídos a nos infantilizarem, faz alguma diferença na vida dos negros. Enquanto supostamente "desmantela estruturas racistas", a religião dos Eleitos está, na realidade, prejudicando pessoas que vivem nessas estruturas. É algo tão prejudicial que chega a ser apavorante. E aqui está a explicação de como a ideologia dos Eleitos não se preocupa de verdade com o bem-estar das pessoas negras.

Devemos fingir demência e ignorar os jovens negros sendo espancados por outros nas escolas.

Devemos fingir demência e ignorar o fato de que jovens negros no início da vida acadêmica são jogados em instituições de ensino que estão acima de suas capacidades e em faculdades de direito que não conseguem adaptar o nível de forma que lhes permita passarem no exame da Ordem dos Advogados.

Devemos fingir demência e ignorar a falta de noção com que pessoas já mortas são condenadas por falhas morais que eram normais em sua época como se elas ainda estivessem vivas.

Devemos fingir demência e ignorar a ideia estúpida de que o fator mais importante da "identidade" negra é o que os brancos pensam, e não o que as próprias pessoas negras pensam.

Devemos fingir demência e ignorar as imprecisões no trabalho de estudiosos negros só porque negros não desfrutam do privilégio branco.

Devemos fingir demência e ignorar o fato de que a história social é complexa e fingir que cada um dos que nos dizem que todas as discrepâncias raciais são resultado do racismo são brilhantes.

Devemos fingir demência e ignorar o fato de que há crianças inocentes aprendendo a pensar dessa maneira praticamente antes mesmo de conseguirem segurar um lápis.

Vamos dar uma volta e conferir o que os Eleitos exigem que pensemos a respeito dos negros.

O que dizem os Eleitos a respeito da disciplina escolar: A intolerância contra garotos negros

Garotos negros são os que mais levam suspensão e são expulsos de escolas. De acordo com a ideologia dos Eleitos, isso deve acontecer porque eles sofrem discriminação.

Para ser mais específico, nos é dito que o motivo para esses meninos sofrerem mais medidas disciplinares do que outras crianças é porque os professores são preconceituosos. O jovem branco que faz bagunça é malandro, ao passo que o negro é delinquente. Há ativistas no âmbito escolar que construíram carreiras levando este conhecimento para professores e outras instâncias. Em 2014, um memorando foi emitido pelo Departamento de Educação dos Estados Unidos concordando que garotos negros são desproporcionalmente mais disciplinados devido ao racismo. Em 2019, a Comissão dos Direitos Civis dos Estados Unidos divulgou um relatório intitulado "Para Além das Suspensões: Uma Análise das Políticas Disciplinares Pedagógicas e

Conexões à Problemática do Encarceramento Pós-Escola para Alunos Não Brancos com Deficiências" afirmando o mesmo.

Pareceres nobres de instituições nobres. Mas, na realidade, garotos negros realmente cometem mais delitos violentos em colégios públicos do que outros grupos. E ponto-final. Os Eleitos condenam com veemência o fato de a maioria das crianças negras frequentar escolas com apenas outras crianças negras, por essa afirmação se encaixar no objetivo de apontar a "segregação". Acontece que essa "segregação" também implica que a maior parte dos garotos negros que essa gente acha que deveriam ter permissão para espancar outros jovens na escola está espancando *outros jovens negros*. O que significa que, se seguirmos o conselho desses profetas e pegarmos mais leve com esses garotos, prejudicaremos a educação de outros estudantes negros.

Por exemplo, o jornal *The Philadelphia Inquirer* investigou as escolas públicas da cidade e descobriu que, a partir de 2007, mais de trinta mil incidentes violentos haviam acontecido em escolas públicas; infrações que incluíam roubos, estupros e uma professora grávida que foi agredida com socos na barriga. (Ela foi um dos quatro mil docentes atacados por alunos entre 2005 e 2010).

Partindo do desejo de não estereotipar jovens negros, é possível que esses números sejam interpretados de diversas formas específicas para que o foco não recaia sobre meninos negros. No entanto, essas interpretações simplesmente não funcionam.

Por exemplo, é capaz que alguém imagine que muitos desses ataques tenham sido cometidos por jovens brancos. Mas os números não corroboram essa versão: nas escolas públicas da Filadélfia, mais de dois a cada três alunos (70%) são negros ou latinos.

Ou então será que alguém é capaz de imaginar que talvez, apenas talvez, esses jovens brancos que compõem um terço dos estudantes estejam cometendo uma quantidade desproporcional de ataques? Mas o que outros estudos revelam é que são os garotos negros os responsáveis por essa quantidade desproporcional de violência escolar. O Centro Nacional de Estatísticas da Educação dos Estados Unidos descobriu que, em 2015, 12,6% dos adolescentes negros que responderam à pesquisa haviam brigado em ambiente escolar, enquanto, entre os brancos, o número era de apenas 5,6%. E não foi um ano extraordinário: em 2013, os números eram 12,8% contra 6,4%. Em outras palavras, jovens negros são duas vezes mais propensos a se envolver em violência no colégio do que jovens brancos.

Um estudo do Instituto Fordham afirmou que a situação em 2019 era a mesma. A pesquisa entrevistou 1.200 professores brancos e negros de ensino fundamental e médio de todo o país, e descobriu que professores em escolas altamente pobres tinham uma probabilidade duas vezes maior do que outros de regiões mais abastadas de afirmar que desrespeito verbal era uma ocorrência diária em sala de aula, eram seis vezes mais propensos a dizer que violência física era um evento diário ou semanal e três vezes mais chances de afirmar terem sido pessoalmente atacados por um aluno. É possível que as pessoas se perguntem, só para garantir, se escolas altamente pobres são sempre predominantemente ocupadas por alunos negros e latinos — e a resposta é que, geralmente, sim. Os Eleitos nos ensinam sem folga que a pobreza de pessoas não brancas é desproporcional nos Estados Unidos e, se esse relatório fosse a respeito de fome ou uma denúncia contra o chumbo nas tintas, essa gente aceitaria de imediato que se refere a crianças não brancas. Seria inconcebível que, de repente, interpretassem o estudo do Instituto Fordham por um viés desracializado.

Inclusive, os professores nessa pesquisa mencionaram diversas vezes que, após advertências para casos como os mencionados acima terem começado a ser tratados como preconceito, a subnotificação de incidentes graves se tornou prática "generalizada", e que uma tolerância maior ao mau comportamento é, em parte, responsável pela recente diminuição na quantidade de suspensões.

Relatórios de uma iniciativa da cidade de Nova York deixaram ainda mais explícito um problema específico no concernente à violência escolar entre garotos negros. A ação buscava reduzir suspensões de jovens negros em resposta aos relatos alegando que tais advertências eram motivadas por racismo. Professores passaram a relatar menos ordem e disciplina nas salas de aula, e *principalmente em escolas com predominância de alunos negros e latinos.* Muitos professores negros disseram que suspensões e medidas disciplinares similares deveriam ser *mais* usadas, ainda que esses mesmos docentes negros fossem levemente mais propensos a acreditar que as medidas escolares poderiam ser motivadas por questões raciais. Em escolas altamente pobres, 60% de professores afro-americanos — pouco *mais* do que os 57% de professores brancos — alegaram que os problemas comportamentais dos alunos dificultavam o processo de aprendizagem.

Esses são os fatos. É melhor levá-los em consideração na próxima vez em que vir uma pessoa provavelmente negra ou latina de roupa social afirmando que "meninos negros" sofrem muito com medidas disciplinares. Se não são capazes de se defender diante dos estudos mencionados acima, ou oferecer evidências de ter ao menos aprendido algo com essas pesquisas, então não estão ensinando, e sim pregando, e em nome de um propósito que deixa legiões de jovens negros e latinos não apenas sem uma educação adequada, mas também como vítimas de violência.

Tudo o que os Eleitos enxergam aqui é "racismo", mas só porque sua devoção religiosa os adormece para os prejuízos que esse ponto de vista gera para crianças reais vivendo no mundo real. Óbvio, a pobreza pode fazer com que jovens se tornem mais propensos à violência — não há necessidade alguma de enxergarmos esses rapazes como seres patológicos —, mas insistir que o preconceito é o único motivo para que sejam suspensos mais garotos negros do que brancos é apoiar o prejuízo a estudantes negros.

O que dizem os Eleitos a respeito do ensino superior: Sem cota é lorota

É comum pensarem que as ações afirmativas nas universidades dos Estados Unidos envolvem nada mais do que considerar a diversidade racial apenas como reunir uma variedade de alunos com o mesmo nível de notas e resultados em provas. A fantasia é de que todos os candidatos tenham as mesmas pontuações para que gráficos sejam preenchidos. Poucas pessoas razoáveis veriam algum problema nesse tipo de sistema, mesmo que estudantes de diferentes origens étnicas tivessem notas ligeiramente mais baixas, pois então haveria o que podemos chamar de uma "vantagem mínima". Mas nada além disso.

A questão em voga é se alunos negros e latinos deveriam ser aprovados com notas e pontuações *significativamente* mais baixas do que as médias requeridas para estudantes brancos ou asiáticos. É assim que as vantagens raciais têm funcionado nas admissões universitárias nos Estados Unidos, principalmente para além de algumas instituições de elite, como aquela em que ensino, e não há dúvida de que isso tem sido uma prática comum. Foi algo muito discutido durante o famoso caso de *Gratz v. Bollinger* contra a Universidade de Michigan no início dos anos 2000, quando se revelou que, apenas por serem negros, os candidatos já garantiam vinte dos cem pontos necessários para o ingresso. No entanto, este foi apenas um caso entre tantos por todo o país. O que significa que existe o que pode ser denominado como "incompatibilidade" entre o perfil acadêmico dos alunos e as universidades em que entram.

Muitos insistem que, apesar dessa incompatibilidade inicial, tais alunos ainda assim têm desempenhos excelentes e que esse fenômeno não resulta em problemas reais. Mas isso significaria, então, que os critérios de admissão aplicados a outros estudantes são irrelevantes, e estudos sérios têm deixado claro que, como já era de esperar, não é bem assim. Na Universidade Duke, o economista Peter Arcidiacono, com o auxílio de Esteban Aucejo e Joseph Hotz, demonstrou que essa "incompatibilidade" reduz o número de cientistas negros. Estudantes de minorias étnicas, quando matriculados em instituições onde o ensino é mais rápido e requer mais conhecimentos de base, acabam frequentemente desistindo da formação, o que teria uma probabilidade menor de acontecer em alguma universidade preparada para instruí-los com mais cuidado.

Em 2004, Richard Sander, professor de direito da UCLA, trouxe à luz uma tendência bastante trágica sobre essa questão, ao mostrar que estudantes de direito "incompatíveis" têm muito mais chance de não apresentarem bons rendimentos e, principalmente, de serem reprovados no exame da Ordem. Conforme o previsto, o estudo atraiu muitas críticas, mas ninguém refutou suas conclusões básicas; tudo o que fizeram foi ficar procurando razões para que, por algum motivo, não nos preocupássemos com essas disparidades. É igualmente improvável que alguém seja capaz de dizer a Arcidiacono, Aucejo e Hotz que o que registraram foi uma ilusão.

Que alunos diferentes se desenvolvem em ritmos diferentes não é algo difícil de se entender. Devido a fatores sociais que preocupam a todos nós — qualidade de ensino, pais que não tiveram acesso a uma boa educação, vidas complicadas em casa —, alunos negros e latinos normalmente não chegam tão preparados para a velocidade com que é necessário absorver informações em instituições de elite. Mas a questão é a seguinte: será que uma boa solução seria, mesmo com tudo isso, colocá-los em universidades que lecionam em um nível acima do que eles estão preparados para aprender?

A República, de Platão, tem cerca de trezentas páginas. Na Universidade Columbia, nós a designamos como leitura do primeiro ano na disciplina de Civilização Contemporânea, uma matéria que é pré-requisito para o segundo ano do curso. O esperado é que os alunos leiam, discutam o conteúdo em duas ou três aulas de duas horas de duração, e ainda o usem como referência para futuras provas. Imagine agora um estudante brilhante, mas que não foi criado em um lar que cultivava o hábito da leitura. Ele não é o leitor mais rápido do mundo, e as escolas pelas quais passou não o expuseram muito à discussão de ideias abstratas, pois davam preferência a assuntos relevantes da vida cotidiana. De repente, ele chega a uma sala de aula cheia de estudantes que marinaram em livros desde a primeira infância e cresceram envoltos em educação de alta qualidade, que são aptos a discutir Platão com destreza e mencionam conceitos até então desconhecidos. Pessoas que, mesmo que não tenham lido as trezentas páginas, conseguem pelo menos fingir que o fizeram.

Agora imagine esse mesmo aluno em uma instituição onde a leitura recomendada é de apenas quarenta páginas de *A República*, que provavelmente incluiriam a passagem a respeito da alegoria da caverna, com um professor fazendo questão de guiar os estudantes pelos pormenores do tema e ciente de que a maioria ali raramente teve acesso a algum texto desse tipo. Em qual aula esse aluno se sentiria mais confortável e em qual das duas há uma probabilidade maior de que ele obtenha notas maiores? E, levando em consideração que ninguém se lembra direito de trezentas páginas na íntegra depois de quatro anos, será que esse estudante realmente sairia perdendo no que concerne à educação? Alguns alunos da Universidade Columbia ficariam felizes da vida se atribuíssemos apenas quarenta páginas e as esmiuçássemos.

No entanto, a discussão acerca de tais ações afirmativas parece implicar que, de alguma forma, não existe nada além de instituições de elite, como se poucas dezenas de universidades altamente seletivas fossem o único caminho para o sucesso. Agora aqui vai o que acontece na prática: na Universidade de San Diego, no ano que precedeu a proibição das políticas de cota por volta de 1999, apenas um estudante negro, entre 3.268, se formou com honra. Alguns anos mais tarde, após alunos que antes seriam considerados "incompatíveis" para instituições como a Berkeley ou a UCLA serem aceitos em universidades como a de San Diego, um em cada cinco calouros negros estava recebendo honrarias, uma proporção igual à dos brancos.

E há um motivo para que informações como essa sejam pouco difundidas. A proibição das cotas nas universidades da Califórnia acabou gerando o Proto-Electness 101, um movimento que abarcava intermináveis discursos afirmando como essa medida "negava educação" a jovens de bairros pobres de maioria negra; parecia até que existiam apenas instituições de ensino de elite. A suposição era de que a Universidade de Berkeley estava voltando à "segregação", e ainda havia a implicação de que era exatamente isso que os brancos que administram esse tipo de lugar queriam.

O fato de essa tal "Berkeley segregada" nunca ter existido não importa. O fato de que jovens negros, apenas por cursarem uma faculdade que não seja de elite, não estavam sendo condenados ao inevitável desemprego não foi discutido. O impulso moralizador era denunciar o racismo, mesmo que ignorando a razoabilidade. Era a teoria crítica da raça em ação. A militância da época aceitava de forma tácita que aplicar a lógica em oposição à emoção quanto às questões de raça era muito injusto, muito "branco". A ideia de que precisávamos nos esforçar para que mais jovens negros fossem capazes de se qualificar de verdade para tais instituições de ensino foi considerada um ponto secundário enquanto, no ar, a possibilidade de que alunos negros pudessem se destacar tanto quanto qualquer outro grupo pairava como algo um tanto suspeito, como se tivessem se rendido de vez ao *ethos* "branco".

Caso isso soe impressionante, saiba que lecionei em Berkeley na época, e sou obrigado a deixar claro que, depois que as cotas foram proibidas, uma aluna negra me disse, sem rodeios, que ela e outros estagiários trabalhando no setor de recrutamento de minorias temiam que os estudantes negros admitidos sem cota não tivessem interesse em fazer parte de alguma comunidade negra da universidade. Foi a confirmação mais direta da ideia de que ser nerd não é "coisa de negro" que já ouvi. E era maio de 1998, por volta das quatro da tarde de um dia de semana.

São sentimentos assim que condicionam as pessoas a ficarem lutando pelas exceções para que estudantes negros não tenham que passar pelo mesmo nível de competitividade com o qual outros jovens precisam lidar, independentemente de sua origem. É também um reflexo da autoculpa branca e de sua falta de preocupação sincera pelo destino de pessoas negras. Os dados sobre a calamidade que essa "incompatibilidade" cria agora estão num nível avassalador, e ainda assim são dispensados aos chutes porque não combinam com a moda de se mostrar ciente da existência do racismo. O resultado, nos Estados Unidos, é o seguinte: alunos negros, tanto de graduação quanto de especializações em direito, sobrecarregados enquanto uma manada de pessoas influentes entoa discursos sobre "desmantelar as estruturas".

O que dizem os Eleitos sobre a qualidade dos pensadores negros: Condescendência é respeito

Em *Entre o mundo e eu*, leitura obrigatória já há alguns anos para milhões de alunos do ensino superior em todos os Estados Unidos, Ta-Nehisi Coates declara que não sente empatia alguma pelos policiais e bombeiros brancos que morreram no atentado às Torres Gêmeas no 11 de Setembro. Eles eram meras "ameaças da natureza; o fogo, o cometa e a tormenta que poderiam [e não há nenhuma justificativa para isso] estilhaçar meu corpo".

É uma bela escrita. Mas era de pessoas com famílias que Coates estava falando aqui. De cônjuges, e principalmente crianças que nunca mais viram o pai. Até mesmo diante da relação entre policiais e homens negros (que certamente influenciou tamanha impiedade do autor), a insensibilidade em relação à dor pessoal, à desumanização dos familiares deixados para trás em meio a uma tragédia monumental e incomum, foi tão gélida que chegou a ser chocante. Algo irresponsável e inconcebível partindo de um indivíduo considerado um intelectual.

E ainda assim, a plutocracia branca, se muito, revirou os olhos para isso. Em nossa sociedade, onde uma pessoa pode ser trucidada como uma pervertida moral e demitida por fazer *blackface* como uma piada (como o caso da jornalista do *Washington Post*) ou por *ser uma pessoa branca e criticar uma celebridade asiática e outra mestiça* (Alison Roman), Coates afirma que esses servidores públicos mereciam morrer, e permitiram que um indivíduo como esse continuasse sendo celebrado como o principal profeta racial dos Estados Unidos.

O único motivo para que isso passasse despercebido foi a condescendência: o denegrir (palavra escolhida de propósito) de um ser humano negro. Não responsabilizá-lo pelo horror de tal julgamento — imagine, por exemplo, se John Lewis comentasse algo assim — e ainda por cima designar um livro contendo essa passagem para jovens impressionáveis é tratá-lo como alguém inimputável por suas ações. É tratá-lo como criança.

A jornalista negra Nikole Hannah-Jones insiste que a Guerra da Independência dos Estados Unidos foi travada para preservar a escravidão. Ela ganhou um Pulitzer por isso. Seu projeto incluía muito mais, isso é inegável, mas essa afirmação foi o principal motivo por seu trabalho ter recebido tanta atenção. Hannah-Jones nunca teria ganhado prêmio algum sem essa afirmação.

Uma nação esclarecida deveria responsabilizar suas figuras públicas por suas ideias. No que diz respeito à Guerra da Independência, a declaração de Hannah-Jones é simplesmente falsa, mas a etiqueta cultural dos dias de hoje insiste que finjamos que não — porque a autora é negra. Alguém recebeu um prêmio Pulitzer por uma interpretação equivocada de documentos históricos sobre os quais há legiões de acadêmicos de fato especializados. Enquanto isso, essa afirmação segue sendo difundida, sem questionamentos, em materiais didáticos de todo o país.

Poucas coisas evidenciam a influência dos Eleitos na matéria cinza da humanidade mais do que a brisa compreensiva que sopra sobre revisionismos históricos tão escrachados. No caso de Hannah-Jones, por exemplo, os brancos lhe davam tapinhas nas costas por sua "coragem" ou por "expor seus pontos de vista para o mundo", em vez de reconhecer que ela havia errado e desejar-lhe mais sorte na próxima vez. É uma atitude de fanáticos. Eles são condescendentes com uma mulher negra que merece coisa melhor, mesmo que o *zeitgeist* em que ela foi cunhada a impeça de se dar conta disso.

São racistas também aqueles que ouvem cientistas negros afirmarem que o motivo de haver tão poucos físicos negros é o "racismo". A menos que as pessoas indiquem cientistas que estejam fazendo trabalhos da mesma qualidade que seus colegas brancos e sendo recusados em doutorados, pós-doutorados ou empregos, isso está fora de cogitação. Se a alegação não se referir a um "racismo" assim tão evidente, então deve ser o racismo estrutural que afeta as pessoas antes mesmo da faculdade. Acontece que abrir espaço para esse argumento significaria que não faz sentido cobrar universidades científicas, visto que seria necessário prestar atenção ao ensino de ciências nas escolas públicas em bairros de maioria negra, não seria? Não fazer essas perguntas diretamente e exigir uma resposta pode parecer algum tipo de cortesia, mas, na verdade, é uma forma de desconsideração.

E a possibilidade de que, digamos, a física precise mudar o que é considerado "trabalho de verdade" para abrir espaço para uma perspectiva "negra" é mais condescendente ainda. É possível prever que essa tal perspectiva "alternativa" se esquivaria da matemática difícil e intransigente que se espera que um físico domine. Certamente a ideia não é de que os físicos negros dominarão a matemática, mas que a farão de uma forma "negra" ou "diversa".

Caso eu esteja soando retórico, consulte um interessante artigo publicado pela física negra Chanda Prescod-Weinsten, no qual ela condena o "empirismo branco" como algo que impede a entrada de mulheres negras no campo da física. Será preciso esforço para vislumbrar o que ela sugere como uma alternativa viável, mas fica claro que a doutora em questão acredita que concordar que o A precede o B que precede o C é apenas um jeito de ser cientista. Então precisamos cultivar um grupo de físicos sem habilidades reais para que as ciências exatas não sejam "tão brancas". E claro, quando, de formas sutis, outros cientistas não conseguirem evitar e começarem a tratar esses "físicos" da diversidade como menos capazes, haverá ainda mais motivo para chorar.

Todavia, isso é pensar longe demais. O objetivo é ser capaz de identificar o racismo e fazer brancos assentirem, obedientes, concordando que a física tem um viés racista contra rostos não brancos, e que é preciso "reconhecer" a problemática. E aqui estamos nós de novo, tratando negros como idiotas em nome de algo chamado "descentralizar a branquitude". Além disso, abordar essas questões dessa forma não é "entender" o dilema, já que, na verdade, o que há para "entender" é que isso é um pensamento religioso que permite bússolas morais completamente sem sentido na vida real.

Em outras palavras, se o significado de ser negro é, de fato, passar a vida inteira enfrentando o racismo, é rotineiro que esse tal racismo se manifeste nesse tipo de atitude condescendente e infantilizadora. A iniciativa KIPP, uma instituição do Texas cujo objetivo é oferecer a crianças não brancas pobres uma educação sólida que as leve até a faculdade, decidiu que vinha pegando pesado demais com os jovens. O pecado? O *slogan*: "Esforce-se. Seja gentil".

A KIPP anunciou que expor alunos a esse mantra "diminui o significativo esforço para desmantelar o racismo estrutural, valoriza a conformidade e a submissão, apoia a ilusão da meritocracia e não combina com nossa visão de permitir que os alunos sejam livres para criar o futuro que desejarem".

Traduzindo: escolas comprometidas a ajudar jovens a fazerem o melhor possível a partir de condições ruins agora se sentem desconfortáveis em ensiná-los que seguir regras e se esforçar trará resultados benéficos. E, inclusive, há caminhos mais militantes a serem trilhados para atingir um futuro de sucesso, ou, em outras palavras, "o futuro que eles querem". Pelo visto, trata-se de um futuro que é possível alcançar sem seguir regras e enquanto se desconfia do esforço, já que dar duro seria "jogar o jogo dos brancos".

A administração da KIPP está suspendendo o senso comum junto com a verdadeira compaixão de um jeito que seus professores jamais pensariam em aplicar com seus próprios filhos. E é isso o que os Eleitos fazem: adotam dogmas sem sentido, mas carismáticos, como uma postura pública de bondade. É uma religião que está substituindo outras crenças mais antigas nas quais "Esforce-se. Seja gentil" seria considerado sabedoria. O mantra dos Eleitos, na verdade, é *"Combata o racismo, fique indignado"* — mesmo que isso custe o bem-estar de pessoas negras, inclusive crianças.

O que dizem os Eleitos sobre identidade: A essência dos negros é não serem brancos

Certa vez, eu estava com dificuldade de entender por que determinada coleção de ensaios escritos por uma pessoa não branca se qualificaria como uma coleção unitária, como um "livro".

Outra pessoa encarregada de avaliar esse mesmo livro contribuiu com a discussão dizendo que o que havia de coerente nos ensaios era que todos falavam de "identidade".

A pessoa entoou *identidade* num tom ligeiramente caloroso, como se estivesse dizendo "família" ou "bolinho de amora". E, para várias figuras presentes, esse único termo já era persuasivo. Como tema, "identidade" foi tão cativante para eles quanto "mudança climática" teria sido.

Mas cabe a seguinte pergunta: quando foi que começaram a considerar "identidade" um tema tão crucial para uma coleção de ensaios que, em qualquer outra circunstância, não teriam nada a ver um com o outro? Em 1950, ninguém teria falado que "identidade" ou qualquer outra palavra era capaz de tornar um livro digno de receber um prêmio. O que, afinal de contas, aquela pessoa queria dizer com "identidade"?

Quando os Eleitos, seguindo a deixa de um uso que emergiu entre acadêmicos das humanidades e ciências sociais, mencionam "identidade" estão se referindo a como uma pessoa não branca processa essa não branquitude e sua relação com a opressão dos brancos.

O eleiticismo clama para que todos que não sejam brancos fundamentem suas existências no fato de *não serem brancos e saberem que os brancos não os entendem direito*. O eleiticismo proíbe que nós, não brancos, sejamos indivíduos particulares a partir de uma ideia de que o racismo branco é tão oneroso que nossa autodefinição deve ser moldada contra isso, mesmo que isso exacerbe o papel do racismo na vida da maioria dos negros — sem esquecer que a *brutalidade policial, embora terrível, é apenas mais um dos milhares de tipos de experiência vivida do berço até a cova*. Seu amigo Eleito pode alegar que estou distorcendo o que ele acredita. Peça para que ele explique o porquê disso — e a resposta vazia que a pessoa inventará enquanto não o olha nos olhos deixará claro que não estou distorcendo coisa alguma.

E é assim que a militância nos leva de volta às categorizações fragmentadas e artificiais de raça que todos achávamos que queríamos superar. No entanto, se perguntamos o motivo de não devermos mais deixá-las para trás, os Eleitos nos chamam de supremacistas brancos.

Toda a ênfase do Iluminismo no individualismo, toda a liberdade do modernismo para que as pessoas sejam elas mesmas em vez de viverem presas a rótulos predefinidos, desmorona diante dessa ideia de que ser qualquer coisa além de branco requer uma obsessão com o fato de que *não* se é branco e que nos diminuamos diante da *possibilidade* de que não nos enxerguem em nossa totalidade.

Vamos deixar mais claro: sob os mandamentos dos Eleitos, a negritude se resume ao que *não* somos — ou seja, pela forma como os brancos nos veem —, e não no que *somos*. O que importa é o que *fazem* conosco, e não o que *gostamos de fazer*. E tudo isso é considerado um avanço, e não um passo para trás. Tudo porque "ah, mas o racismo". Racismo acima de tudo, mas o problema é que a filosofia dos Eleitos ensina os negros a viverem obcecados com o quanto alguém talvez não os entenda por completo, e depois morrerem insatisfeitos.

É esse o sentido da vida? É essa a grande resposta que a filosofia procura há milênios? Mas acontece que os brancos aplaudem essa ideia de que a essência de ser negro é a forma como eles mesmos não nos veem, como disse o crítico de cinema do *New York Times* A. O. Scott com sua emblemática afirmação de que "o racismo é o que faz de nós brancos".

* * *

Infelizmente, muitos não entendem que essa concepção milimetricamente "antirracista" da identidade negra invalida o apelo para que enfatizem suas individualidades. Em linhas gerais, a ideia é a seguinte: por causa do que aconteceu com George Floyd, o indivíduo negro sensato deve considerar que sua principal característica é ser alguém que poderia sofrer o mesmo destino de Floyd.

Por exemplo, o filósofo negro Kwame Anthony Appiah escreveu bastante e com muita habilidade sobre o valor do individualismo em relação às "identidades" simplistas e fragmentadas. No entanto, sob a mentalidade dos Eleitos, Appiah está errado. Esse homem gay

4 - Qual é o problema de ser uma religião? É que prejudica pessoas negras | **121**

anglo-ganês deve, acima de tudo, se ver, e nós temos a obrigação de vê-lo, como "um homem negro", assim como Chris Rock, Samuel Jackson, Michael Brown, Trayvon Martin e George Floyd, apesar de não existir nenhuma semelhança significativa entre eles. Nosso compromisso é fomentar essa noção caricaturada a seu respeito principalmente porque ele tem uma probabilidade um pouco maior do que Steven Pinker de ter problemas com a polícia.

Nesse sentido, é equivocado pensar, como muitos, que a ideologia dos Eleitos simplesmente retoma o essencialismo de figuras do passado, como Johann Gottfried von Herder e sua visão de pessoas como seres divisíveis em "nacionalidades" com "espíritos" distintos. Os Eleitos não estão arbitrariamente dividindo as pessoas em classes como húngaros e suecos. Há uma diferença de poder que separa os grupos reconhecidos por essa gente. Eles estão distinguindo brancos daqueles que são oprimidos pelos brancos, a partir da ideia de que *ser oprimido* é uma essência caracterizante por si só. Não se trata da horizontalidade, como a essência teutônica em contraste com a essência eslava, mas da verticalidade de *quem está prejudicando quem*.

O problema aqui não é apenas a forma como os negros são instigados a criar um conceito definitivo sobre si mesmos, mas também o que eles devem considerar como interessante, em que causas devem se envolver durante a curta passagem na Terra de qualquer ser humano. Quando a "identidade" é considerada um fator central para a importância intelectual, estética e moral, a gama de interesses do indivíduo inevitavelmente fica mais limitada. E então, os Eleitos desencorajam a curiosidade genuína.

*   *   *

Aqui é onde deparamos, por exemplo, com a ideia implícita de que qualquer livro que um escritor negro escreva deva focar em raça, racismo ou na luta contra o racismo. Um desafio ao leitor: nomeie um livro de *não ficção* escrito por um autor negro que não aborde batalhas nem mencione raça ou racismo.

Já que está lendo este livro, pode ser que você saiba que escrevi mais alguns. Mas você consegue citar outros escritores também? E vou um pouco mais longe para perguntar se você consegue mencionar qualquer pessoa que não seja Neil DeGrasse Tyson ou Thomas Sowell. E não é por acidente que Sowell e eu sejamos ambos conhecidos por nossa resistência contra certa ortodoxia a respeito de raça.

Sei que existem alguns outros autores negros de não ficção por aí com perspectivas mais convencionais sobre raça e que não se autointitulam "ícones raciais". No entanto, o fato de que os escritores mais reconhecidos por muitos leitores formem um grupo tão pequeno já diz muito, e, para ser mais preciso, é indicativo do acordo tácito entre autores negros, *assim como entre nossos apoiadores brancos*, que nosso trabalho deve servir exclusivamente à luta racial. Nosso dever é escrever com base em nossa "identidade" de vítimas da branquitude, e se não fizermos isso, então não sabemos "quem somos" e cometemos um desserviço ao fechar os olhos para essa problemática. Essa dedução normalmente influencia nos adiantamentos pagos pela indústria editorial (branca), uma prática que se tornou mais comum apenas a partir de 2020.

Em 1938, a antropóloga e escritora Zora Neale Hurston perguntou: "Será que o poeta negro pode entoar uma canção para a manhã?" e apontou que "o único assunto para um negro é a raça e seus sofrimentos, então uma canção para a manhã deve ser sufocada. Vou escrever sobre um linchamento, então". Nada mudou desde 1938, a não ser o fato de que, caso alguém leia essa passagem em voz alta, um batalhão de universitários possa acabar denunciando-o para a coordenação da universidade por causa do tom "racista" da afirmação. E, é claro, hoje devemos escrever não explicitamente a respeito de um linchamento, mas sobre o que aconteceu com George Floyd e as atitudes da sociedade que levaram a isso.

Tenho um exemplo pessoal. Todos os escritores têm um livro que não funcionou, mas *Talking Back, Talking Black*, que escrevi em defesa do modo de falar dos negros norte-americanos, funcionou, sim. Num geral, as pessoas pareceram gostar. Jamil Smith, um jornalista negro, porém, foi uma exceção.

Numa resenha para o *New York Times*, ele deixa claro não ter gostado de eu não ter devotado o livro ao papel do racismo na forma como nosso dialeto é ouvido. Fiz uma menção aqui e ali a esse respeito, mas a estratégia principal do livro era simplesmente mostrar como o dialeto era complicado, vasto e incrível. Eu não tinha interesse em passar cento e cinquenta páginas só mandando indiretas para pessoas brancas, e sempre fico perplexo ao ver quantos autores negros se contentam em dedicar a própria vida a fazer pouco além disso. O assunto do inglês dos afro-americanos leva a muito mais, e como o ser humano curioso que sou, decidi abraçar esse "mais".

Mas como o foco do livro não era deixar os brancos desconfortáveis, Smith achou insatisfatório. Na época, as pessoas me falavam que parecia que ele queria que eu tivesse escrito um livro diferente. Isso era óbvio, e não deixe de perceber qual era o tipo de livro que ele queria que eu tivesse feito. Smith encarnou o típico pensador negro Eleito ao deduzir — com tanta profundidade que ele nem mesmo se dá conta de que era uma dedução — que descrever, debater e condenar o racismo deve ser o principal objetivo das pessoas negras ao se comunicarem com o público. Para esse tipo de indivíduo, ler um livro a respeito do inglês dos afro-americanos que não tem como foco dizer aos brancos que eles são racistas a cada parágrafo é como ouvir um baterista incapaz de manter o ritmo. Há algo errado, algo sendo deixado de fora. Smith achava que eu tinha errado ao não escrever sobre um linchamento.

* * *

É RELEVANTE TAMBÉM MENCIONAR O MALTRATO DE muitas pessoas negras a meu amigo Thomas Chatterton Williams, um autor negro casado com uma mulher branca (e francesa) cujos dois filhos têm a pele tão clara que a ideia de os chamar de "negros" parece um tanto abstrata. Williams, muito sábio, escreveu que, sobretudo nos dias de hoje, precisamos reconsiderar a ideia de que qualquer indivíduo com um mínimo componente biológico africano deve se "identificar" como negro.

Quando um negro que é meio branco e meio negro diz que "não é negro", a objeção clássica é de que ele será *visto* como negro e, portanto, deve evitar achar que não sofrerá discriminação. Mas e quando a pessoa tem a pele tão clara que ninguém a veria como negra e simplesmente acharia que se trata de alguém que não é 100% branco?

Se alguém tiver um fenótipo que pode ser desde latino até meio asiático, filipino ou o que quer que seja — algo cada vez mais comum no século XXI —, então a próxima objeção dos Eleitos é dizer que, por ser qualquer coisa *além* de branca, essa pessoa está sujeita a passar por um racismo análogo ao destinado aos negros. Porém, será verdade que ser "não branco" é catalizador de uma discriminação genérica assim? Será que uma pessoa de ascendência mista, sem metades específicas, terá oportunidades de trabalho negadas? Será que acabaria sendo marginalizada pela sociedade caso procurasse companhias brancas ou até mesmo amor? Será que a polícia a consideraria uma ameaça? E, se não considerar, então por que ela deveria se "identificar" como negra? Existe algum outro motivo além de se juntar aos batalhões dos Eleitos negros, que vivem se deleitando na zona de conforto que é odiar a branquitude em vez de amarem a si mesmos?

Nunca esquecerei uma palestra que dei em uma universidade, na qual um dos ouvintes que mais faziam perguntas era uma moça de ascendência mista, metade branca e metade asiática. Sua aparência era predominantemente branca, com um toque de algo não identificável. Naquela época, era alguém que poderia muito bem "passar" por branca. Mas, seguindo o *zeitgeist* que vivemos hoje, ela estava profundamente imersa numa autoidentificação como alguém oprimida pelo racismo. A principal reclamação era de que as pessoas esperavam que ela fosse "inteligente" por causa de sua "asiaticidade" — mesmo que a tal "asiaticidade" fosse apenas vagamente perceptível —, e essa moça não conseguia processar minha resposta gentil de que eu não a via como alguém tão oprimido assim a ponto de precisar usar isso como fundamento para se definir.

Ela era, em essência, um dos filhos crescidos de Thomas Chatterton Williams, só que metade asiática em vez de negra. Essa mulher estava adotando um sentimento de injustiça que não se justificava por suas vivências diárias. Deduzirem que você é inteligente pode até ser um pouquinho incômodo, disso não tenho dúvida, mas não é exatamente o que a maioria consideraria sofrer pelas opressões do sistema.

Não é difícil perceber que precisamos começar a reconsiderar nosso esquema de classificação racial. Em outras palavras: se acreditamos mesmo que raça é uma construção fictícia, então temos que permitir que pessoas de ascendência racial indeterminada defendam essa ideia, e precisamos deixar de lado essa noção de que qualquer indivíduo com traços não brancos deve se "identificar" como não branco. Devemos nos perguntar por que uma pessoa que nem parece negra deve "empunhar" sua negritude no século XXI. Quem não consegue perceber, pelo menos em algum nível, o quanto isso não faz sentido — e inclusive que o que aconteceu com George Floyd não justifica essa ideologia?

No entanto, quando defende publicamente esse modo de pensar, Williams muitas vezes é criticado com ferocidade e apontado como traidor da raça por pessoas que realmente se consideram alicerces do progressismo. E esses, senhoras e senhores, são os Eleitos.

* * *

PARA RESUMIR: NO QUE DIZ RESPEITO À "identidade", a ideologia dos Eleitos exige que não brancos baseiem suas noções de si mesmos no fato de não serem brancos e de não gostarem de como os brancos podem, ou não, se sentir em relação a eles. Ninguém gostaria que essa autoclassificação fosse aplicada a seus filhos. Pensar que algo assim é progressista chega a ser ridículo. É um fardo sombrio, ilógico e sem sentido sobre a alma de pessoas cuja energia espiritual deveria ser direcionada para outros lugares.

O que dizem os Eleitos sobre o que deveria preocupar negros engajados — prova A: "Resultados desiguais são fruto de oportunidades desiguais"

É possível que a principal mensagem que os brancos que "se dedicam" a dominar a ideologia dos Eleitos compreendem seja que, se os negros acabam ficando para trás em relação aos brancos de qualquer forma que seja, a única explicação deve ser o racismo, mesmo que seja difícil entender como.

Desde os anos 1960, essa ideia tem sido central nos debates acerca de raça, e é por isso que, muitas vezes, essas discussões são consideradas "complexas". Como o racismo não é mais tão evidente como costumava ser antigamente, é considerado um indício de sofisticação entender que o negro que passa por problemas hoje está acorrentado pelo racismo assim como seu bisavô na época da segregação institucionalizada, ou seu tetravô durante a escravidão. Em essência, sempre foi o seguinte: se não conseguirmos traçar a razão de todos os problemas até o racismo, então a única outra possibilidade teria que ser que os negros são, de algum jeito, inerentemente deficientes. Tendo em vista como isso parece improvável, devemos apontar o racismo.

Essa, por exemplo, é uma descrição bem justa da filosofia de Ibram Kendi. Quando os Eleitos alegam que seu trabalho é essencial, a explicação resumida para isso é o ponto de vista deles, que se assemelha ao famoso e eloquente tuíte de Ta-Nehisi Coates que diz: "Não há nada de errado com os negros que a completa e total eliminação da supremacia branca não resolva". Qualquer pessoa que leia esse livro deve internalizar essa ideia básica como o principal motivo de os debates raciais se tornarem tão infrutíferos e acalorados. A implicação é de que se você não acredita que a culpa é do racismo, então o racista é você.

Um indício dessa mudança radical é o fato de que, em 2020, no estado de Wasghinton, nos Estados Unidos, professores de ciências reunidos numa convenção depararam com a seguinte afirmação, estampada numa apresentação de slides: "Se você conclui que a diferença nos resultados por grupo demográfico é fruto de qualquer coisa além de um sistema falho, então está, por definição, sendo intolerante".

Ao longo da prosa de Kendi perdura uma sensação de que ele está nos fazendo um favor ao apresentar esse ponto de vista sem elevar a voz, como se desse de ombros e indagasse: "O que mais posso lhes dizer? E por que eu deveria ter que perguntar?". E é por isso, pessoal, que esperam que não apenas o respeitemos, mas que o louvemos — e que consideremos suas ideias como superiores e acima de qualquer crítica.

Contudo, o motivo que nos leva a perguntar a ele se todas as disparidades raciais são resultado do preconceito — caso tenhamos coragem para tal — é que essa afirmação é uma simplificação exagerada (como a maioria de nós sabe muito bem). Grande parte do motivo pelo qual nos referimos com cuidado às discussões sobre raça como "problemáticas raciais" é que todos sabem, nem que seja lá no fundo, que o "racismo" não explica tudo o que aflige a comunidade negra — nem mesmo o racismo "estrutural". Boa parte desses debates sobre "raça" não passam de um pacto que a sociedade faz para performar momentos que contornem a lógica em busca de algo que acalme a situação e pareça demonstrar virtude.

Para o leitor que acha que estou chegando perto da verdade, mas não se sente à vontade para dizer isso em voz alta, vamos aos fatos.

Em 1987, um benfeitor rico da Filadelfia "adotou" cento e doze crianças negras da sexta série, algumas das quais haviam crescido com seus próprios pais em casa. Ele garantiu para todas uma educação superior totalmente custeada, contanto que não usassem drogas, não tivessem filhos antes da faculdade e não cometessem crimes. Também lhes deu professores particulares, palestras e oficinas extracurriculares, as manteve ocupadas em programas de verão e ofereceu conselheiros para quando tivessem qualquer tipo de problema.

Quarenta e cinco dessas crianças nunca concluíram o ensino médio. Dos sessenta e sete meninos, dezenove viraram criminosos condenados. Doze anos mais tarde, as quarenta e cinco meninas haviam tido, ao todo, sessenta e três filhos, e mais da metade delas tinham se tornado mães antes dos dezoito anos de idade.

Então qual foi exatamente o "racismo" que prejudicou esses pobres jovens que poderia ter sido eliminado para criar resultados diferentes? A resposta é nenhum. As problemáticas sócio-históricas são muito mais complexas do que hipóteses simplistas que, no fim das contas, querem ser oito ou oitenta. O que impediu essas pobres crianças de progredir foi o fato de terem sido criadas em um ambiente com noções diferentes do que é considerado normal em comparação a crianças brancas de bairros abastados.

É, sim, outra forma de dizer "cultura", e o céu não vai cair se falarmos isso. Esses fatores culturais podem, é claro, remontar ao racismo do passado, já que tamanha desumanização é capaz de levar um povo a se enxergar como separado das normas da sociedade que o cercam. Ou, o que é menos confortável de apontar: nos últimos sessenta anos, esquerdistas nos Estados Unidos encorajaram mulheres negras pobres a se inscrever em programas governamentais, dos quais elas nunca haviam sequer pensado que precisavam, na esperança de que isso causasse um colapso na economia e forçasse um recomeço. Como consequência, gerações seguintes de negros pobres passaram a pensar que não trabalhar é uma escolha normal. Não era essa a escolha que a maioria das pessoas nessas comunidades fazia, mas foi o que elas começaram a fazer depois de uma intensa campanha da esquerda para que o maior número possível de indivíduos negros se inscrevesse nesses programas de assistencialismo e normalizassem o fato de não trabalhar em horário comercial, fossem eles homens ou mulheres. Até mesmo pessoas negras pobres de antes de 1966 teriam visto essa norma como algo bizarro.

Pois é! Eu sei que pode parecer que estou inventando, mas é um fato, e sou obrigado a indicar referências como o livro *Winning the Race*, de minha autoria, para mais detalhes. Posso dizer com total confiança que grande parte do que confunde muitos leitores aqui começou com o que esses esquerdistas extremamente eficazes conquistaram por meio da Organização dos Direitos de Bem-Estar Social, no final de década de 1960 nos Estados Unidos.

Mas isso significa que, *mesmo que não seja culpa das crianças em si*, não foram as condições, e sim essas normas internalizadas no inconsciente que impediram esses jovens de aproveitar o que lhes estava sendo oferecido. O mesmo problema perpassa inúmeras etnografias de quem vive até hoje em áreas urbanas, como *No Shame in My Game*, de Katherine Newman, *American Dream*, de Jason DeParle e *On the Run*, de Alice Goffman.

O que aconteceu na Filadélfia não foi uma casualidade. Em Kansas, na mesma época, doze escolas foram construídas para substituir as estruturas precárias em que os estudantes negros ficaram atolados por décadas. O esforço custou US$ 1,4 bilhão. Os novos colégios incluíam estúdios de transmissão, planetários, piscinas enormes e aulas de esgrima. O investimento por aluno foi duplicado ao mesmo tempo que as turmas foram reduzidas pela metade, para cerca de vinte e cinco alunos por classe. Os estudantes do ensino fundamental receberam seus próprios computadores, e havia agora cinquenta e três orientadores, sendo que antes não havia nenhum.

Tempo vai, tempo vem: as taxas de evasão escolar continuaram as mesmas, a lacuna de rendimento escolar entre alunos brancos e negros permaneceu inalterada, e as escolas acabaram precisando de seguranças para combater roubos e violência. O motivo para isso não vinha de nenhuma patologia das crianças, mas também não era um "racismo" que podia ser simplesmente "destruído". O racismo em questão tinha sido sutilmente entrelaçado nas inúmeras correntes e reviravoltas de anos de história político-social que levaram até ali.

A história que explica o motivo de áreas urbanas de maioria negra dos Estados Unidos terem chegado à situação em que se encontravam na década de 1980 é complexa e não tem nada a ver com culpa. No entanto, enquadrar a questão como um "racismo" que precisa ser "destruído" não resolve nada a essa altura. Por exemplo, é possível afirmar que uma das causas desses problemas foi a guerra às drogas, que mandou tantos homens para a cadeia e deixou meninos para trás, crescendo na pobreza e sem pais. Mas chamar a guerra às drogas de racista ignora o fato de que as leis que a inspiraram tiveram um amplo apoio de pessoas negras importantes, incluindo legisladores e moradores de comunidades pobres. Recomendo a leitura de *Black*

Silent Majority, de Michael Fortner (que é negro), para uma melhor compreensão dessa questão. Será que vamos mesmo dizer que esses negros eram ingênuos demais para perceber o "racismo" entranhado nas leis que apoiaram e que, segundo eles, ajudariam a fazer com que a vida cotidiana deles fosse mais segura?

Faz décadas que o fracasso de tantos pensadores em compreender a diferença entre os efeitos do racismo no passado e no presente anda sufocando a discussão racial. Acontece que é uma problemática tão urgente que precisamos examinar mais um exemplo.

É fato que estudantes negros tendem a ficar para trás no desempenho acadêmico em comparação a outros grupos.

Muitos já alegaram que isso acontece devido a uma ideia entre adolescentes negros de que se dedicar à escola é "coisa de branco".

Muitos dos comentaristas negros chegam a se encolher ao ver pessoas brancas lendo textos de qualquer um que chame a atenção para isso, preocupados que esse argumento de "coisa de branco" possa ser interpretado como uma suposição de que há algo errado com as crianças negras, em vez de entender que é um reflexo da sociedade e do racismo. No entanto, não percebem que deficiência e racismo não são as únicas duas explicações possíveis para essa discrepância.

Em *Acting White: The Ironic Legacy of Desegregation*, um livro tão importante para entender a questão racial nos Estados Unidos quanto *The New Jim Crow*, de Michelle Alexander, Stuart Buck aponta que muitos estudantes negros alocados em escolas anteriormente exclusivas para brancos, na década de 1960, enfrentaram hostilidade generalizada, tanto aberta quanto velada. Professores brancos os viam como, no melhor dos casos, pouco promissores, e, no pior dos casos, sabotavam propositalmente seus estudos. Muitos dos alunos brancos, embora não fossem tão agressivos quanto aqueles zombeteiros nas fotografias da Little Rock Central High School, não eram acolhedores com os novos alunos negros.

Isso pode não nos surpreender muito hoje em dia, e foi, é claro, algo que não se limitou ao Sul: lembra-se da famosa foto da mulher branca irritada na reunião sobre o transporte escolar em Boston?

A raiva que ela demonstrava não desapareceu num passe de mágica quando crianças negras foram integradas a essas escolas brancas. Esse assunto foi, semana após semana, se tornando o substrato da nova vida escolar de alunos negros. Esse tipo de rejeição pode fazer alguém se dissociar de um ambiente por completo, e uma consequência disso foi a impressão de que escola era coisa de crianças brancas, algo que não se encaixava numa vivência autêntica de alguém negro.

Isso, só para deixar claro, era por causa do racismo. Mas, com o decorrer do tempo, a resistência escrachada dos brancos aos jovens negros nessas escolas foi recuando conforme as atitudes em relação às questões raciais mudavam. No entanto, um marco cultural que associa a escola ao "branco" se estabeleceu e vem se perpetuando desde então.

É nesse ponto que o tipo de análise de Kendi — que atribui o problema das notas baixas entre as crianças negras de hoje ao "racismo" que precisamos simplesmente "destruir" — tropeça. Tenho a impressão de que pessoas como ele supõem de forma genuína que todos os traços culturais são respostas diretas às condições atuais, como por exemplo acreditar que uma dieta rica em gorduras e açúcares deve ser resultado da dificuldade em obter vegetais frescos no bairro.

Só que, na realidade, é comum que traços culturais persistam para além do estímulo original e se tornem hábitos transmitidos de forma subconsciente. A acusação de "coisa de branco" é um desses traços culturais que perduraram além de sua origem. Os estudantes negros podem usar essa mesma acusação em escolas com investimentos extravagantes, onde professores não brancos são sensíveis ao máximo em relação ao racismo, ao contrário dos professores desagradáveis e indiferentes com os quais deparavam décadas atrás. Isso foi documentado em rigorosos estudos etnográficos, como no livro *Black American Students in an Affluent Suburb*, do antropólogo John Ogbu.

É sem dúvida muito confuso para alguns que um fenômeno possa persistir para muito além do que aquilo que o causou. As pessoas ficam perplexas (e irritadas) com a possibilidade de a tal "coisa de branco" continuar existindo se o racismo não for o estímulo motivador. Vamos tentar seguir essa sequência de suposições:

A. O comportamento humano pode se ater mais aos hábitos do que ao pragmatismo. Por exemplo: os conflitos entre albaneses começaram por motivos concretos, mas no decorrer do tempo continuou simplesmente porque as novas gerações achavam que aquilo era "o que fazemos e quem somos".

B. Pessoas negras são humanas.

C. Os negros também podem acabar absorvendo características motivadas por hábitos, e não por pragmatismo

Talvez o termo "legado", geralmente familiar e reconfortante para eles, seja útil. O experimento Tuskegee, no qual homens negros foram deixados sem tratamento para sífilis, fez com que muitos se tornassem desconfiados de hospitais até os dias atuais, mesmo que o sistema médico, apesar de ainda ter falhas, nunca mais fosse sujeitar pessoas a tal barbaridade. O conceito de "coisa de branco" sobreviveu exatamente pelo mesmo motivo.

Não funcionará dizer que os afro-americanos são, por alguma razão, imunes a fenômenos contraproducentes de uma maneira que nenhum outro ser humano já foi. Por que exatamente uma história trágica tornaria um povo imune ao desenvolvimento de traços culturais problemáticos? De fato, sabemos que a escravidão e as leis segregacionistas não explicam toda essa história de "coisa de branco", pois, como Stuart Buck descreveu, os afro-americanos logo após a escravidão claramente ansiavam por educação, em um grau que parece quase estranho, dado o receio que isso viria a causar em seus descendentes distantes.

A história social dos Estados Unidos é complicada. É por isso que as pessoas passam eras se especializando, e fazer isso de forma competente requer mais do que simplesmente identificar como os brancos foram racistas e pronto, fim de papo. O verdadeiro historiador social compreende, por exemplo, que um fenômeno como esse pode ser especialmente tenaz quando útil para outros propósitos. Adolescentes de todas as origens procuram maneiras de definir seu subgrupo, de fortalecer um sentimento de pertencimento e até mesmo de expressar sua identidade. Na cultura dos adolescentes negros, uma forma de fazer isso é abraçar a ideia de que estudar é coisa de branco, e isso foi sendo passado de geração em geração, mesmo que os professores abertamente racistas dos anos 1960 e início dos anos 1970 já tenham desaparecido há muito tempo. Mesmo que tais garotos nunca tenham conhecido esses professores, a ideia de que estudar não é algo "nosso" ainda soa agradável, porque somos todos seres humanos com impulsos naturalmente tribais.

Sim, crianças brancas também são alvo de brincadeiras por serem nerds. No entanto, como a professora de direito Kimberly Norwood (que é negra) apontou em seu estudo sobre a acusação de "coisa de branco", ser chamado de nerd é uma coisa, mas ouvir que você está se desqualificando de pertencer à própria raça é outra completamente diferente. É algo que gera uma sensação particularmente dolorosa.

Vamos abrir o escopo. A razão pela qual os jovens negros muitas vezes associam a escola a coisa de branco não é as pessoas brancas de hoje não gostarem deles ou o sistema, de alguma forma, ser contrário a seu aprendizado. Essa análise não faz sentido e ponto-final. Apenas um tipo negligente e insensível de lealdade, uma recusa silenciosa a se envolver com os indivíduos dos quais estamos, de fato, falando, insistiria que o "racismo" é o motivo de uma criança negra, décadas depois de 1966, fazer *bullying* com outra criança negra por se esforçar nos estudos. O racismo foi a origem desse problema, com certeza, mas a solução para os dias de hoje não pode ser simplesmente agitar uma varinha mágica e "destruir o racismo", pois os professores que perpetuavam o racismo contra jovens negros três gerações atrás já estão, em sua maioria, mortos.

Acontece, todavia, que a retórica dos Eleitos precisa enxergar racismo, e é aí que entra a "ideia" de Ibram Kendi de que toda a métrica que usamos para avaliar o sucesso acadêmico deve ser subvertida para que possamos fingir que os jovens negros devem ser considerados inteligentes com base em seu "desejo de aprender". Por mais carinhosa que essa noção possa parecer, já que é rotulada como antirracista, ela não leva as crianças negras a lugar algum.

Ser Eleito é insistir que a desigualdade nos resultados significa que as oportunidades são desiguais também, o que é falso. Essa impressão errônea, ao incutir em nós uma cegueira quanto ao que diz respeito ao funcionamento real da sociedade, atrapalha nossos esforços em promover mudanças. A insistência nesse mantra nos torna ignorantes.

O que dizem os Eleitos sobre o que deveria preocupar negros engajados — prova B: "A escravidão é acobertada"

Imagine o seguinte: a exposição de um museu itinerante com artefatos do navio negreiro *Henrietta Marie* quebra recordes de público em vinte cidades. Há uma página da revista *Scientific American* com trechos de edições passadas, a maioria delas, é claro, sobre ciência, mas uma edição destaca uma citação de março de 1851: "A população dos Estados Unidos totaliza 20.067.720 de pessoas livres e 2.077.034 de escravos". A revista coloca o título como "Ferida Aberta". Um representante branco do estado de Washington faz pressão para que o nome de Jefferson Davis seja removido de uma rodovia em Seattle e substituído pelo nome de um veterano negro da Guerra Civil. Em Cincinnati, entusiastas (brancos) da Underground Railroad[1] criticam erros históricos e distorções no Centro Nacional da Liberdade da Underground Railroad.

Portanto, muito deve ter mudado em 2020, certo? Só que isso aconteceu em 2001 e 2002.

No entanto, devemos insistir que os Estados Unidos vivem em uma "negação" perpétua a respeito da escravidão, embora possamos compilar coleções de eventos como os mencionados acima em cada

---

1   The Underground Railroad — a resistência à escravidão por meio de fuga e fuga, até o final da Guerra Civil — refere-se aos esforços dos afro-americanos escravizados para ganhar sua liberdade escapando da escravidão.

ano a partir de 2002, e retroceder cerca de vinte anos a partir desse ponto. O sucesso do livro *Raízes* e, em seguida, o avassalador impacto da minissérie de televisão em 1976; filmes amplamente discutidos, como *Amistad*, *12 anos de escravidão* e *Django livre*; obras importantes e muito difundidas pela imprensa, como *The Slave Trade* de Hugh Thomas; a maravilhosa exposição da Sociedade Histórica de Nova York sobre a escravidão em Nova York em 2005; e poderíamos continuar sem parar...

Ta-Nehisi Coates clama pelo "fim do costume de ficar comendo cachorro-quente no Dia da Independência dos Estados Unidos enquanto negamos os fatos de nossa herança histórica". Mas essa situação parece até um divorciado que não suporta ver a ex se divertindo. Rotular os Estados Unidos de hoje como pouco consciente quanto à escravidão é muito mais uma questão de arrogância e vitimização do que de alicerçar uma realidade nova e necessária.

Para ser mais claro: existe algum grau de saturação que a escravidão poderia alcançar na consciência dos norte-americanos que satisfaria os Eleitos ao ponto de aceitarem essa batalha como vencida?

Esperar que todo norte-americano (o branco de Dakota do Sul, o empreendedor de ascendência indiana do Vale do Silício, a avó imigrante coreana, a supervisora de cuidados paliativos de origem latina nascida nos Estados Unidos, a filha de imigrantes bósnios lutando por um diploma de serviço social, a vereadora republicana no Texas e a delegada cherokee) fique se contorcendo pensando na escravidão enquanto morde seu cachorro-quente no Dia da Independência, mesmo que num sentido metafórico, é completamente inútil. Inútil porque nunca acontecerá, e inútil porque é desnecessário.

Posso garantir que, psicologicamente, os norte-americanos negros não precisam que seus compatriotas fiquem tão sensibilizados. Fazer uma enquete revelaria isso de imediato, assim como perguntar a alguns negros que não são parte do grupo dos Eleitos. Também posso garantir que mudanças sociais profundas podem acontecer sem que toda a população se torne estudiosa da injustiça racial. Essas mudanças vêm ocorrendo em todo o mundo há vários séculos.

No entanto, a ideologia dos Eleitos exige que classifiquemos o que acabei de escrever como blasfêmia e afirmemos incansavelmente que a escravidão é considerada um grande segredo nos Estados Unidos. Ano após ano, os Eleitos anunciam que George Washington ou Thomas Jefferson foram donos de escravos achando que essa é uma notícia bombástica "que ninguém quer debater", em veículos de imprensa que abrem as portas avidamente para sua sabedoria e a de pessoas com pensamentos semelhantes há eras. Observe: *Essas pessoas nunca admitirão que a posse de escravos dos pais fundadores dos Estados Unidos deixou de ser segredo.* O ponto é central demais para sua fé religiosa para que se permitam concessões.

Ser Eleito é insistir que as nações abafam a escravidão. Mas isso é impostura. E distrai as mentes que poderiam trabalhar para lidar com problemas reais.

O que dizem os Eleitos sobre o que deveria preocupar negros engajados — prova C: "Figuras históricas que não militavam em questões raciais devem ser canceladas"

Os Eleitos acham que se uma figura histórica possuiu escravos ou se envolveu no comércio de escravos, ou até mesmo se não estivesse calorosamente envolvida na luta para desmantelar a escravidão quando poderia ter feito algo a respeito, então essa deve ser a principal coisa a lembrarmos quando falarmos dela. Que ela deve ser lembrada apenas de forma condenatória. Que só serve para nos mostrar como não ser. Suas conquistas, inclusive, devem ser tratadas como meras notas de rodapé, já que interessam de verdade apenas aos historiadores. Ela ter sido retrógrada é algo que precisa colar em nossas mentes como chiclete.

Sendo bem sincero, essa é uma forma obtusa de raciocínio. Não vou escrever "burra", porque isso implicaria que quem profere esse tipo de argumento não tem a noção do quão vazio ele é. Lá no fundo, quase toda essa gente deve ter noção disso.

É muito difícil ir para além dos dogmas de determinada época. Alguém que cresceu vendo negros como quase nada além de servos não remunerados não teria como deixar de considerar essa realidade como normal, e seria extremamente improvável que argumentasse contra isso. E, sim, é bem provável que tenha acabado pensando que pessoas negras eram inferiores. Em nome de resultados retóricos e reações sentimentais, os Eleitos nos ensinam a desenvolver um torpor proposital à lógica básica nessa questão.

Então, devemos não celebrar o fato de termos superado a época em que a escravidão era aceita, mas sim voltar no tempo e estapear aqueles que ainda não tinham chegado a essa conclusão, e tudo para mostrar como somos virtuosos agora. Os Eleitos exigem que finjamos que figuras do passado continuam aqui a nosso lado, como se o tempo não tivesse passado. Na melhor das hipóteses, isso faz sentido apenas num cenário de *continuum* espaço-tempo da física quântica. Mas, na pior, é uma ignorância voluntária.

Claro, não precisamos de estátuas de pessoas cuja *principal contribuição para a história* foi enaltecer a escravidão. Adeus aos monumentos públicos de escravocratas. E há zonas cinzentas. O presidente Woodrow Wilson era mais racista do que a pessoa comum de sua época, local e nível educacional, o que leva muitos a se sentirem confortáveis em ver seu nome removido de prédios. Pode surpreender alguns leitores que eu seja uma dessas pessoas. No entanto, há os que creditam que devemos valorizar a percepção geral de Wilson como um progressista com um compromisso apaixonado pela paz mundial, e não posso dizer que eles estejam errados. Os Eleitos, por outro lado, simplesmente se arrepiam ao saber que Wilson era racista e não conseguem enxergar nada além de heresia em qualquer discussão sobre ele, sua vida e seu legado, como se Wilson tivesse retuitado nacionalistas brancos na semana passada.

Agora, vandalizar estátuas de George Washington? Claro, podemos reconhecer que pessoas como ele teriam errado de acordo com nossos padrões atuais, mas a ideia de que devemos nos concentrar apenas no racismo deles e considerar sem valor qualquer outra contribuição que tenham feito é uma ideia infundada.

No futuro, pode ser que a maioria dos norte-americanos considere imoral ser a favor do aborto. Celebrar qualquer aglomerado de células quimicamente destinado a se tornar um *Homo sapiens* como "uma pessoa" pode se espalhar para intelectuais influentes e se tornar tão chique quanto o eleiticismo é agora. Como nos sentiremos se as pessoas de 2100 advogarem para que professores não celebrem as conquistas das pessoas de 2020 que não eram contrárias ao aborto?

Por que os Eleitos de hoje não estão criticando Barack Obama por ter defendido o casamento gay só depois de ter "evoluído" ou mudado de opinião? Perceba que somos obrigados a fingir que não entendemos a história e as conjecturas apenas quando os indivíduos são brancos. Quem acredita que o jovem do Havaí que fumava muita maconha, usava drogas, que frequentava círculos das universidades de elite nos anos 1980 e por aí vai realmente tinha algum problema com o casamento gay? Obama e eu temos idades próximas, e eu vivia em Nova York durante a década de 1980. Por pouco não usei drogas com ele em algum lugar do Upper West Side quando éramos jovens de vinte e poucos anos, e posso garantir que a pessoa que ele era não teria problema algum com o casamento gay.

Quando Obama disse aos eleitores que já havia sido contrário à união entre pessoas do mesmo gênero, ele estava fazendo uma manobra política muito sensata, e os Eleitos o perdoaram por isso, por ele ter permitido uma "evolução" de um tipo que nunca poderia reabilitar outras figuras em suas mentes — como Washington depois de libertar seus escravos, por exemplo. Aparentemente, a (suposta) homofobia de Obama não representava problema algum porque ele é "interseccional" — ou seja, já que sua pele marrom o colocava sob o domínio da hegemonia branca, é aceitável que ele fosse homofóbico... Mas viu só? Não há lógica aqui.

Imagine um garoto negro do centro que vê uma estátua de Abraham Lincoln. Ele aprendeu que Lincoln, por um tempo, pensou que os negros, após a alforria, deveriam ser transferidos para a África, e que também os considerava inferiores aos brancos. O garoto sentiria uma onda de fúria pelo desprezo a seu povo e a si mesmo que emana da escultura, e, furioso, a vandaliza com spray.

Por mais instigante que possamos achar essa possibilidade, e por mais simbólica que seja dos efeitos psicológicos de passado ancestral trágico, para quase nenhum de nós esse menino agiu de forma lógica ou racional. Quase todos nós sabemos que, no geral, Lincoln merece ser celebrado pela totalidade de seu legado, apesar das imperfeições. Vemos o garoto como alguém que, mesmo que compreensivelmente, perdeu a cabeça. Sentimos muito por ele. Temos pena. Mas queremos acalmá-lo e acolhê-lo. Lincoln libertou os escravos, uma atitude que nenhum presidente anterior sequer teria levado em consideração, e que vários depois dele provavelmente não teriam feito se a escravidão tivesse persistido. Não daríamos a esse menino um contrato para publicar um livro.

Os adultos aqui no mundo real que estão prontos para criticar quase todos que tenham vivido antes de aproximadamente dez minutos atrás como se tivesse uma moral pervertida só porque eram racistas de acordo com nossos padrões atuais merecem ser julgados da mesma forma que aquele menino. Assim como também mereceria ser julgado um menino branco que vandalizasse uma estátua devido a uma identificação furiosa com os negros.

Ser Eleito é insistir que figuras do passado poderiam muito bem estar vivendo agora e, portanto, merecem os julgamentos que aplicamos às pessoas de hoje, que habitam um contexto desconhecido para aqueles que viveram antes. Como muitas crianças entenderiam sem esforço, isso é mentira. Quanto a saber se os adultos sabem algo que eles não sabem, sugiro tentar explicar a um aluno da quinta série o motivo para derrubar o Memorial Lincoln.

Tendo em vista que ninguém ficaria empolgado em ter que passar por esse processo complicado, sabemos que essa caça às bruxas contra pessoas falecidas há muito tempo é uma distração que não nos ajuda em nada a realizar ações reais que beneficiem os que precisam de ajuda aqui no presente.

Você quer mesmo fazer parte dessa religião?

Entenda: é impossível viver graciosamente como um Eleito enquanto você tenta, com todo o cuidado, se dissociar do que foi mencionado acima. Não é um bufê livre; ser Eleito é um compromisso de preço fixo. Tente ser seletivo para manter a lógica e a razão enquanto evita acusações *on-line* de ser supremacista branco e você logo se frustrará. Não há meio-termo. É como estar na Rússia sob o regime de Stálin. Não se questiona o evangelho KenDiAngeloniano tanto quanto ninguém questiona Romanos ou Coríntios. Os Eleitos não buscam diversidade de pensamento. Eliminar a pluralidade de ideias, ainda mais em questões raciais, é a razão deles de existir.

Você está pronto para ser duramente criticado por defender o bom senso e a razão, e tratar as pessoas como verdadeiramente iguais enquanto ouve que fazer isso é inapropriado quando não há negros envolvidos? E que isso é chamado de ser "antirracista"?

O dano causado pelos Eleitos aos negros é tão vasto e desenfreado que qualquer pessoa comprometida com essa religião e que a chame de antirracista caminha com certo fardo de vergonha.

5

Para além de "desmantelar estruturas": Como salvar as pessoas negras?

S e você leu minhas críticas ao longo de quatro capítulos a respeito do que os Eleitos pensam que precisamos fazer, é compreensível que queira saber o que eu preferiria como alternativa.

Neste breve capítulo, vou contar, e depois, no último capítulo, explicarei como caminhar em direção a algo mais ou menos assim, mesmo que os Eleitos entre nós sigam sua alternativa carismática, porém egocêntrica, politicamente fútil e silenciosamente racista.

A ideia de que o que é preciso fazer é simplesmente "destruir o racismo" é a versão de progresso político de uma criança de dez anos de idade. O racismo não se refere apenas ao preconceito, mas também à desigualdade social; o racismo é uma questão tanto de atitudes e políticas passadas quanto presentes. Algo tão mutável, complexo e atemporal precisa ser sempre contido o máximo possível, mas é impossível simplesmente destruí-lo. E além do mais, eliminá-lo não é necessário.

O que aflige a comunidade negra no século XXI poderia ser consideravelmente amenizado por meio de três esforços concebíveis que combinam viabilidade política com eficácia: não deveria haver guerra às drogas; a sociedade deveria apoiar o ensino correto da leitura para todos; e deveríamos tornar treinamentos vocacionais efetivos tão acessíveis quanto a educação universitária.

Proposta 1: Acabar com a guerra às drogas

Para início de conversa, não deveria haver guerra às drogas. Até mesmo entorpecentes mais potentes, como a heroína, deveriam estar disponíveis (e regulados, é claro) para quem os quisesse. Devido à ilegalidade dessas substâncias, há um próspero mercado clandestino para oferecê-las. Homens negros desfavorecidos frequentemente acabam se envolvendo nesse mesmo mercado, uma escolha compreensível quando as escolas já falharam e eles não sabem muito bem como construir uma vida em algum mundo além do que conhecem — um mundo no qual eles não têm conexões pessoais.

Vender drogas enriquece poucos, mas acaba se tornando uma forma de sobreviver, de trabalhar com pessoas que o indivíduo conhece, que são do mesmo mundo em que ele se sente confortável. Tenho certeza absoluta de que se eu tivesse crescido da maneira que homens como esses crescem, teria escolhido vender drogas na esquina em vez de tentar passar por algo chamado faculdade e buscar um emprego vestindo um terno entre pessoas brancas que eu consideraria alienígenas distantes e suspeitos.

Mas também tenho certeza disso porque acredito na força dos negros: se esse mercado clandestino de drogas pesadas não existisse, esses mesmos homens conseguiriam empregos lícitos.

Qualquer trabalho legal seria melhor do que vender drogas, algo que coloca as pessoas em alto risco de serem mortas ou de, pelo menos, passarem longos períodos presas, o que as torna ainda menos contratáveis. Além disso, muitas vezes é um tipo de trabalho que deixa crianças para trás, para que cresçam sem um pai presente. Somente parte da população das prisões federais e estaduais acabou lá por causa do tráfico de drogas, mas um grande número delas está na prisão por assassinatos ou roubos que, de alguma forma, se conectam à venda de drogas, como guerras de gangues que prosperam com o tráfico.

Enquanto isso, o mundo inteiro sabe que a guerra às drogas não funcionou em nenhum caso. Seu fim abriria portas para uma comunidade negra na qual até mesmo homens que já enfrentaram dificuldades provavelmente trabalhariam legalmente; períodos na prisão seriam raros e, portanto, crescer sem pai seria algo pouco comum em vez de ser a norma. O antirracismo deve focar com força em acabar com a guerra às drogas, e não é necessário instruir legiões de brancos sobre como são privilegiados para que isso aconteça.

Proposta 2: Ensinar a ler corretamente

Existem duas maneiras de ensinar uma criança a ler. O método fônico é uma delas, pelo qual as ensinamos a pronunciar as letras e deixamos as palavras de ortografia complicada para depois. O outro método é chamado de método de linguagem integral, que ensina as crianças a abordarem as palavras em blocos para que adivinhem como são pronunciadas com base na letra inicial e no contexto.

Desde a década de 1960, o método fônico tem sido, de forma unânime, o mais eficaz no ensino de crianças carentes a ler. É comum que crianças de classe média, provenientes de lares com muitos livros, consigam aprender a ler por meio de algo parecido com o método da linguagem integral. Um "estalo acontece", é como os pais dessas crianças descrevem. No entanto, esse "estalo" não aparece com tanta frequência para crianças de lares com poucos livros, onde a linguagem é principalmente oral. Crianças como essas precisam... bem... ser ensinadas a ler.

No entanto, há distritos escolares em todos os Estados Unidos em que crianças são ensinadas a ler usando o método da linguagem integral ou um método híbrido, mesmo que, repito, estudos mostrem que é apenas o método fônico que realmente funciona. Repetidamente, distritos escolares que mudam para o método fônico aumentam de forma drástica o rendimento de crianças negras, mas essa informação nunca é disseminada em nível nacional. A forma como os professores são instruídos a ensinar a leitura (se é que são instruídos) opera independentemente da ciência real da leitura. Para mais detalhes, recomendo o livro *Language at the Speed of Sight*, de Richard Seidenberg.

Pode parecer um problema técnico, mas que é essencial para superar questões raciais nos Estados Unidos. Gerações de crianças negras, desproporcionalmente pobres, foram prejudicadas por uma instrução inadequada de leitura. Achar a leitura um fardo impede o aprendizado de matemática, ou de qualquer outra coisa, a partir das páginas e é um caminho perfeito para achar o "lance da escola" algo cansativo e irrelevante. O impacto na trajetória de vida é evidente.

Suspeito que muitas pessoas de classe média não passaram pela experiência de observar uma criança cognitivamente normal de nove ou dez anos olhando para uma página ou um símbolo e lendo com o ar diligente, mas trabalhoso, mais propício a alguém dois ou três anos mais novo, movendo os lábios e falando por cima "do que está escrito", pois ainda não deu o salto para a leitura totalmente silenciosa, onde as palavras são processadas na mesma hora como significados. Suspeito que menos pessoas ainda passaram pela experiência de ver indivíduos cognitivamente normais de vinte e cinco anos ou mais lendo dessa forma, prejudicados pela má formação na leitura durante uma infância em que poucos ao redor eram gente que lia por prazer e que pudesse compensar o déficit pedagógico por meio de modelagem cultural.

Essa não deveria ser a norma, e o antirracismo deve focar, em parte, em fazer com que os conselhos escolares adotem o método fônico, ou, na linguagem do setor, a instrução direta.

Proposta 3: Superar a ideia de que todos devem ir para a faculdade

Precisamos revisar essa ideia de que frequentar uma faculdade de quatro anos é obrigação de todo bom cidadão e voltar a valorizar de verdade os empregos da classe trabalhadora. Frequentar quatro anos de faculdade é uma proposta difícil, cara e até mesmo pouco atraente para muitas pessoas pobres (bem como de classe média e ricas). No entanto, a esquerda vive atraindo aplausos por continuar pedindo um ensino superior mais acessível e menos caro, reforçando a ideia de que qualquer um que não obtenha um diploma universitário de quatro anos não teve "oportunidade".

No entanto, as pessoas podem, com até dois anos de treinamento em uma instituição de ensino profissionalizante, obter um bom sustento como eletricistas, encanadores, técnicos hospitalares, instaladores de televisão a cabo, mecânicos automotivos e muitas outras profissões. Devemos incutir a ideia de que cursos técnicos (e não a "faculdade", no sentido tradicional) são uma opção válida para quem deseja ir além do que conheceu durante a infância.

Da próxima vez que você contratar um mecânico, encanador, instalador de TV a cabo, técnico de ultrassom, pergunte a si mesmo se essas pessoas parecem ver a si mesmas como alguém que foi privado de oportunidades. Será que estão passando por uma existência tão dolorosa enquanto, como quem não quer nada, mencionam suas vidas comuns com seus cônjuges e filhos — muitos dos quais elas estão colocando na faculdade?

É isso?

Duas prováveis réplicas:

Primeira: Por que tão poucas propostas?
Alguns talvez considerem essa lista um pouco curta. O racismo é um grande problema. A população negra tem muitos problemas. Projetos legítimos não deveriam incluir pelo menos umas dez ou onze propostas?

Na verdade, não. Parte do que torna projetos pragmáticos é a processabilidade.

Um conjunto de dez ou mais ideias distintas seria mais para se exibir do que para demonstrar um plano de ação — como algo que podemos imaginar sendo aprovado pelo Congresso. Pode parecer condizente com a magnitude da tragédia apresentar uma série de sugestões completas com gráficos e tudo, como se, ao fazer isso, estivéssemos reconhecendo a gravidade desse legado de injustiça.

Mas, se quisermos falar de como a vida real funciona numa nação vasta, superdiversificada e politicamente polarizada, insistir que uma mudança só aconteceria por meio de uma nova versão da impressionante variedade de esforços da Grande Sociedade[1] é uma espécie de utopismo, e o utopismo é gratificante por si só.

Propor uma lista extensa de demandas, cada uma cuidadosamente apresentada com quatro ou cinco subdemandas, é uma postura de batalha que intriga por um único momento, apenas para ser superada num estalo pela implacabilidade da realidade. Podemos sonhar? Claro, mas com coisas que têm possibilidade de acontecer de verdade. O utopismo carece de sofisticação. É um jogo de gente que gosta de fazer teatrinho, e não daqueles que realmente conquistam coisas para pessoas reais.

Meu pragmatismo não vem de algum tipo de "conservadorismo" arraigado, mas sim das lições da história. Muitas pessoas preocupadas propuseram planos semelhantes ao Plano Marshall para a comunidade afro-americana, e o destino dessas medidas é sempre o esquecimento.

Na década de 2010, o Black Lives Matter elaborou uma dessas longas listas de demandas, que não gerou nenhum impacto na vida de negros desde então.

O comentarista Tavis Smiley adotou uma abordagem semelhante em vários livros, fóruns e discursos nas décadas de 1990 e 2000, e apesar de sua sinceridade e dedicação, essas "demandas" nunca ganharam força entre as pessoas no poder e, logo, não promoveram mudança alguma em nenhuma comunidade negra.

Voltando ainda mais no tempo, o esforço da medida norte-americana conhecida como Grande Sociedade foi a única vez em que as circunstâncias permitiram que o país realmente colocasse em prática uma vasta série de programas voltados às comunidades negras pobres. Todos reconhecem que até mesmo essas medidas tiveram efeitos pouco duradouros. Quanto aos que dizem que elas não fizeram o suficiente: pelas minhas experiências, essa gente não consegue dizer com exatidão o que ou quais outras teriam funcionado e por quê.

---

1   A Grande Sociedade foi uma série de programas domésticos adotados pelo presidente dos Estados Unidos Lyndon B. Johnson em 1964–65. Seus objetivos declarados eram eliminar a pobreza e a injustiça racial.

Sendo bem sincero, muitas vezes essa gente também não está ciente do quanto foi oferecido e financiado para as comunidades negras naquela época. Foi há muito tempo.

Precisamos de uma abordagem mais precisa para os problemas da comunidade negra, e temos que nos concentrar em mudanças que (1) tenham uma chance real de serem incorporadas à legislação e ao orçamento nacional, (2) tragam ganhos adicionais embutidos — por exemplo, acabar com a guerra às drogas fará com que treinamentos vocacionais pareçam mais atraentes para mais jovens negros pobres que, por sua vez, ajudarão a divulgar a oportunidade — e (3) sejam poucas para que formem um esforço único, coerente e de fácil memorização em vez de uma sopa de letras difusa.

Segunda: E a polícia?

Algo perceptivelmente ausente em minha lista de medidas.

Defendo com afinco a reforma da polícia, mas considero improvável que algo possa ser feito para impedir que os policiais disparem suas armas de forma letal em situações tensas ou até mesmo arriscadas. Sei disso em parte porque, mesmo após o assassinato de George Floyd, ao longo de 2020 os policiais continuaram matando ou ferindo pessoas, apesar de todos os olhos estarem sobre eles, sem sofrerem consequências significativas. Jacob Blake e Daniel Prude foram as pessoas negras mais mencionadas, pois o povo partia da suposição de que os policiais faziam isso apenas com negros. A triste verdade rasteira é que fazem isso com pessoas de todas as raças o tempo todo, mas aqui não é lugar para discutir esse ponto de vista. O que importa é que mudar a polícia levará eras, e mudar a vida dos negros deveria levar menos tempo que isso.

No entanto, sem a guerra às drogas, encontros entre homens negros e policiais serão menos frequentes. Não haverá nenhum policial sendo enviado a bairros pobres para perseguir aqueles que vendem ou transportam drogas, nem serão designados para ficar à beira da estrada esperando para abordar pessoas por posse de drogas. Além disso, aqueles mais bem-educados, com empregos estáveis e criados com mais frequência por dois pais capazes de lhes dedicar atenção total, terão muito menos probabilidade de se envolver em encontros perigosos com a polícia.

*　　*　　*

A ideologia dos Eleitos é apresentada com muito carisma. No atual cenário, pode ser dificílimo perceber que essa suposta sabedoria é, na verdade, venenosa. No entanto, devemos sempre lembrar que a filosofia eleiticista é duas coisas: performática e racista.

Performática porque os Eleitos afirmam ter um compromisso para fazer com que a vida das pessoas melhore. E ainda assim, o que defendem vai em direção contrária a medidas que gerariam mudanças na vida real. Pense em como é raro vermos a sabedoria dessa gente ter conexões verdadeiras com mudanças que, de fato, acontecem. Inclusive, concentrar-se em meios que realmente possam promover mudanças é algo ridicularizado pela filosofia dos Eleitos e considerado "solucionismo", visto como uma tentativa apressada de evitar o desconforto de uma autoanálise.

O importante para essas pessoas parece ser desmoralizar os outros por pensamentos hereges enquanto falam apenas vagamente de como isso é necessário para "desmantelar estruturas". Os brancos devem ser mantidos sob a mira de uma arma metafórica, obrigados a "se esforçar" para virarem "antirracistas" vinte e quatro horas por dia e se condenarem por cada vez que se esquecerem desse compromisso, mesmo que seja um trabalho condenado a nunca terminar. Isso é performance.

Sobre o racismo, a filosofia dos Eleitos ensina aos negros que clamores de fraqueza são uma forma de força. Ensina que, na exuberância dessa coisa chamada vida, o aspecto mais interessante a nosso respeito é que a classe dominante não gosta o bastante de gente como nós. Ensina que insistir na ideia de que pessoas negras são capazes de alcançar sucesso mesmo sob condições menos que perfeitas é uma calúnia ignorante. Ensina que somos os primeiros na história das espécies para quem a pecha de "coitadinhos" é uma forma de heroísmo. A filosofia dos Eleitos, em toda a sua inocência, é uma forma de racismo por si mesma. Pessoas negras nunca conheceram nada tão desempoderador — incluindo os policiais — desde o período de segregação racial.

Mas, sim, independentemente de qualquer coisa, os Eleitos sabem vender seu peixe, e isso se deve, em parte, ao fato de que acreditam de verdade no que estão dizendo. "Desmantelar as estruturas", "justiça social", "descentralizar a branquitude" — se eu fosse branco e quisesse fazer a coisa certa no que diz respeito à raça, ficaria confuso também.

"Os escritores negros que todos me falam que são os certos dizem que eu deveria pensar que ser negro é como ter um passe para evitar críticas, que devo abrir caminho para tudo o que eles pedirem e também me odiar."

"E, ainda por cima, tem esses autores controversos que nos mandam parar de tratá-los como crianças. Sei que esses não estão loucos, mas os que vivem aparecendo na imprensa também não estão, e alguns deles, de tão sinceros que são quanto a essas questões, chegam até a chorar ao vivo. O que devo fazer?"

"Aquele jovem escritor, Coleman Hughes, é *tão* inteligente, mas sejamos sinceros, Ta-Nehisi Coates é um escritor tão brilhante. Aprende uma coisinha ou outra com Glenn Loury — ah, ele não é louco —, mas Ibram Kendi usa *dreads* no cabelo!" (Desculpe, não consegui evitar.)

Sugiro um combo prático. Não importa como, você deve:

1. Lutar pelo fim da guerra às drogas.

2. Garantir que crianças provindas de famílias sem costume de leitura aprendam a ler com o método fônico.

3. Lutar por treinamento vocacional para pessoas pobres e batalhar contra a ideia de que pessoas "de bem" vão para a faculdade.

Mas é preciso fazer o que foi escolhido entre as opções acima ao mesmo tempo que resistimos aos Eleitos. O que pode ser difícil, e por esse motivo ofereço orientação para isso no último capítulo.

6

Como contornar os Eleitos?

á duas formas de entender o título deste capítulo. Precisamos saber como contornar as ideias dos Eleitos e também como verdadeiramente realizar o trabalho com os Eleitos que estão ao redor, porque eles sempre continuarão aqui. Logo, proponho primeiro o que não devemos fazer, e depois qual atitude, de fato, tomar.

O problema, sendo mais específico, é entender como lidar com um reinado ideológico de terror de forma construtiva. A profundidade do medo das pessoas de serem rotuladas como racistas é uma das muitas contradições em relação à atitude pessimista dos Eleitos no que se refere ao progresso na questão racial. A atitude de boa parte do povo progrediu de forma estratosférica em poucas décadas. No entanto, boa parte dos indivíduos enxerga essa evolução como algo que temem ouvir que não possuem, de pessoas que tomam como dever se recusar a ouvir os outros, para quem a única resposta programada a qualquer coisa que se distancie de sua crença são balbucios sem sentido.

A vida é curta, e nós escolhemos as batalhas que valem a pena. As zombarias, as caretas, os murmúrios sarcásticos, as reviradas de olhos e os GIFS espertinhos — são todos *ameaçadores*, a menos que o indivíduo seja alguém fora do comum que se diverte discutindo e não se importa de ser odiado. Se qualquer uma dessas pessoas, por acaso, cismar com esse indivíduo, talvez sua única saída seja se encolher e assentir, dar tudo o que elas quiserem para que sigam em frente e o deixem em paz. Os Eleitos, no que concerne à junção dos efeitos gerados por seus guerreiros e apoiadores silenciosos, são, hoje, pura e simplesmente uma turba. São inalcançáveis pelo simples motivo de que discutem de maneira religiosa, e não seguindo a razão. Ficam tentando impingir seus dogmas em todo canto a partir de uma sensação enganosa de que são os primeiros humanos do planeta a encontrar a Resposta para Tudo.

Os Eleitos devem ser apartados dos demais. Precisamos parar de tratá-los como pessoas comuns. No momento, o termo "militância" é usado de forma zombeteira, mas zombar dessa ideologia com um sorriso de deboche é uma das poucas maneiras com que muitos têm coragem de se opor a essa turba. Isso não é suficiente. *Como* podemos encarar o desafio se estamos sendo confrontados por interferência cognitiva, controlada por indivíduos influentes, e que nos assusta com a ameaça de isolamento social?

Depois de insistirem que o foco do que estão fazendo é mudar a sociedade e não apenas ficar ostentando virtude, os Eleitos estão especialmente propensos a afirmar que os excessos, bizarrices e tragédias que descrevi aqui não são um problema sério. Pessoas como eu, que avisam do comportamento de manada do eleiticismo, não passam de indivíduos obcecados por alguns exageros insanos e por fingir que é o fim do mundo. Só que esse argumento não faz sentido. Vamos destrinchá-lo.

A. São só alguns jovens descobrindo quem são.
Porém, na faculdade estadual de Evergreen, aconteceu algo diferente. Um grupo desses estudantes pressionou o professor de biologia Bret Weinstein a deixar seu cargo por ele ter se recusado a sair do *campus* em um dia designado como "espaço seguro" para estudantes minoritários. Esse incidente levou à sua demissão. Por mais surpreendente que pareça, muitos membros do corpo docente apoiaram essa ideologia, já que um quarto deles assinou uma petição pedindo medidas disciplinares contra Weinstein. Além disso, individualmente, alguns professores, como Naima Lowe, expressaram opiniões fortes sobre Weinstein e a administração que o havia "protegido". Uma amostra rápida de seus comentários, que você pode encontrar na internet, foi:

"Você não consegue enxergar além do seu próprio umbigo!", e isso apenas para dar uma ideia da situação.

Todo aquele que conheça pelo menos um pouco o universo universitário sabe que os tais Eleitos não são apenas jovens. Muitos estão quase na aposentadoria, e hoje se regozijam com uma nova sensação de domínio. Meu primeiro encontro com os Eleitos — antes mesmo de eles se tornarem os comandantes de nossa moral nacional — foi durante o debate sobre a política de cotas no ensino superior da Califórnia, em 1995. Naquela época, muitos deles já tinham cabelos grisalhos nas têmporas e se espalhando para a cabeça. Não são apenas jovens.

B. É só alguma coisa acontecendo em certas faculdades e universidades.

Entretanto, Alison Roman trabalhava para um jornal. Esse não era o tema de 2015; a notícia do momento era que o cientista político Charles Murray foi não apenas interrompido, mas expulso de sua palestra em Middlebury por uma multidão que empurrou o carro em que ele e seu interlocutor (que, por acaso, tinha inclinações políticas à esquerda) estavam, a ponto de esse colega acabar num colar cervical. A ideologia que impulsionou esse caso ganhou ainda mais influência desde então, principalmente em 2020, momento em que essa mentalidade foi sancionada como a única aceitável para representar o "acerto de contas" no que diz respeito às questões raciais.

C. Mas Roman foi apenas suspensa (ou seja, por que começou o livro daquele jeito?).

Contudo, ela acabou saindo do jornal. E Sue Schager, a moça que foi à festa com uma maquiagem que zombava da *blackface* para se posicionar contra um comentário de Megyn Kelly, foi simplesmente demitida. Assim como Gary Garrels, do Museu de Arte Moderna de São Francisco, e muitos outros. Por volta de 2015, Roman ter sido suspensa por suas declarações teria parecido tão improvável quanto Donald Trump se tornar presidente. Quem duvida disso pode dar uma olhada em outra polêmica parecida que envolveu Alessandra Stanley, funcionária do mesmo jornal, que supostamente falou algo insensível quanto ao tema racial em 2014. Ela resistiu às críticas, mesmo que muita gente tenha continuado a odiá-la, e permaneceu no cargo até que o episódio fosse esquecido. É razoável supor que, hoje, ela teria sido demitida.

D. É apenas uma tempestade filosófica num copo d'água. O que importa de verdade são as pessoas que sofrem no dia a dia.
Mas se a questão for apenas esse bando e suas reflexões, o que dizer sobre a forma como a ideologia dos Eleitos vem sendo apresentada como fundamental para a pedagogia infantil em escolas públicas e particulares de todos os Estados Unidos? Richard Carranza, ex-chanceler das escolas da cidade de Nova York, apresentou a seus professores e equipe a ideia de que a palavra escrita, a objetividade, a pontualidade e a individualidade são "coisas de branco". O objetivo era modelar a mente de crianças humildes para que desenvolvessem esse modo de pensar de uma vez. Além disso, essa mesma ideologia está sendo imposta, agora mesmo enquanto eu escrevo, em distritos escolares por todos os Estados Unidos, por exemplo. É um problema nacional, e não apenas um ideal de um pequeno grupo frustrado.

Se você está lendo isto, então é provável que já saiba que os princípios rigorosos, antibrancos e hiper-Eleitos de *Não basta não ser racista — sejamos antirracistas* estão sendo introduzidos nos currículos infantis em toda parte. Tudo isso está sendo feito por pessoas sorridentes, convencidas de verdade de que, para que acertemos as contas com o racismo, precisamos consagrar essa tolice orwelliana. A forma como o público em geral trata esse livro como um mandamento bíblico anula qualquer convicção de que o que estou falando aqui não passa de algo sobre alguns rebeldes se estressando. Se os Eleitos estão alcançando nossas crianças, então é real. Qualquer um que fique com deboche dizendo coisas como "qual o problema?" é ignorante (o que é bem possível), cínico (o que é improvável), jovem demais para entender que a janela de Overton — aquilo que consideramos normal — está mudando (o que é compreensível) ou simplesmente religiosa demais, mesmo que não saiba.

E. O verdadeiro problema é a direita, os racistas fanáticos que invadiram o Capitólio querendo o sangue de certos políticos.
Essa é uma típica manobra de debates. Por mais assustadores que tenham sido os manifestantes do Capitólio, que instituições estão sendo dominadas por suas visões? A questão não é se o conservadorismo, num sentido muito mais amplo, domina certas instituições e até estruturas sociais. A questão é: quais instituições oficiais estão se curvando diante da militância física *daqueles que entraram em confronto com policiais no saguão do Capitólio?* Note que a resposta é nenhuma.

"Pode acontecer aqui." Certo, é algo com que devemos nos preocupar, mas, já que estamos falando disso, onde foi que isso "aconteceu" tirando o terrível episódio no Capitólio, que, inclusive, é algo extremamente improvável de se repetir?

Enquanto isso, ninguém pode negar que a ideologia dos Eleitos exerce um domínio sufocante em instituições que mal a conheciam poucos anos atrás. Os Eleitos estão mudando a sociedade, ou, pelo menos, a forma como a sociedade se sente à vontade para se comportar quando vive ameaçada por difamação. A turba que invadiu o Capitólio não vai gerar mudança alguma. Ver aquela monstruosidade tão de perto pareceu uma mudança, mas isso estava em nós, não naquelas pessoas. A novidade em nossa percepção é uma mudança interna que nos altera como indivíduos. É diferente daquilo que percebemos que anda, de fato, penetrando nas instituições. Terem tentado ameaçar a democracia é menos importante do que não ter dado certo. Os Eleitos, em comparação, são um sucesso retumbante, mesmo que o senso de autodefinição deles, que se veem como os sujeitos que entoam verdades ao poder, os impeça de reconhecer isso de forma direta.

O que não fazer

Então para onde vamos a partir daqui? Primeiro, ter em mãos uma lista do que não precisamos fazer. Prometo que ela é curta. São apenas três coisas que devemos sempre manter em mente.

Primeira: Discutir está fora de cogitação.
Uma pessoa totalmente comprometida com a ideologia dos Eleitos não está apta a discussões construtivas. Ela negará essa acusação, mas "discutir" para ela significa apenas que os outros aprendam sua sabedoria. Pense, por exemplo, em alguém que se converte ao mormonismo e lembra de ter sido influenciado após "conversar" com um ancião. Esse é o tipo de discussão que os Eleitos procuram. No entanto, não buscam conversar, mas sim converter, e é por isso que muitos ficam tão frustrados com os Eleitos. Tentativas de se aproximar dessa gente parece funcionar para quase nada além de suscitar seu desprezo.

Pode parecer natural supor que, por outro lado, faria sentido pedir para os Eleitos que fossem um tanto mais abertos em seus pontos de vista, que solicitássemos com gentileza para que reconsiderassem seu dogmatismo. É a partir daí que surgem inúmeras solicitações elaboradas para que essa gente entenda o compromisso pós-iluminista com a liberdade de expressão e coisas assim.

Acontece que, para os Eleitos, isso parece o mesmo que advogar para que pedófilos também tenham direito a um ponto de vista "diverso". A maioria de nós diria que a pedofilia é algo particularmente incômodo no que diz respeito ao modo pernicioso com que é cometida. Para os Eleitos, as diferenças de poder e seus resultados são o mesmo tipo de "dano", e não conseguiremos entender o que estamos enfrentando sem compreendermos isso. É por esse motivo que é comum que eles ajam com tanta esperteza e, ainda assim, se oponham a opiniões que divirjam das suas. O conflito aqui, infelizmente, não é tão simples a ponto de poder ser resolvido apenas pedindo que os Eleitos escutem.

Não se pede para cristãos que "considerem" ver Jesus como nada além de um homem que simplesmente morreu para sempre dois mil anos atrás e, assim como acontece com todos os humanos, nunca mais foi capaz de sentir emoções como as nossas, e, portanto, não os "ama" hoje em dia. Dessa mesma forma, não é possível "discutir" com um Eleito e pedir para que priorize a lógica e a civilidade acima de sua distorção do antirracismo. O conceito de prioridades para os Eleitos é fundamental e imutavelmente diferente daqueles que não se converteram a seu ponto de vista.

Precisamos contornar essas pessoas, e não cometer o erro de pensar que estão apenas "empolgadas" ou que percorreram alguns metros por um caminho errado. A forma mais caridosa de entender o que os Eleitos sentem é que, do ponto de vista deles, pedir que usem o bom senso ou sejam gentis em relação às questões raciais é como pedir a um manifestante de Birmingham sendo atingido por jatos de água no chão que seja sensato e gentil. Para os Eleitos, a intransigência é, a longo prazo, uma forma de serem gentis, porque eles a veem como um prelúdio para uma sociedade mais moral.

Se perguntarmos se microagressões devem ser tratadas da mesma forma que ataques físicos, os Eleitos considerariam uma questão desafiadora. Para eles, tal classificação taxonômica do assédio é forçação de barra. Até existe certo senso de realidade que os corrobora, já que o estresse psicológico e o trauma geram consequências físicas indiscutíveis. Os Eleitos perguntam: "Com base em quais critérios podemos especificar que uma pessoa ferida por políticas, ou até mesmo por palavras, deve responder de maneira mais decorosa do que alguém ferido por punhos e armas?". Talvez seja um avanço classificar todas as formas de agressão de forma nivelada, para que, num mundo futuro, ninguém seja ferido por palavras, objetos ou abstrações.

Ou talvez não — mas é superimprovável que um interlocutor Eleito seja capaz de considerar a possibilidade de sequer haver alguma dúvida quanto a essas questões. Não conseguiremos penetrar esse tipo de argumento assim como não conseguimos ensinar alguém a perder a fé em Jesus, porque é de religião que estamos falando. Somos incapazes de chegar lá, apesar de ser isso que confirma o modo de pensar daquela pessoa gritando numa reunião empresarial sobre "diversidade", ou aquele parente militante com quem não conseguimos conversar numa data comemorativa em família, ou aquele artigo que lemos e parece ter sido escrito por alguém na França de 1920 (ou em Selma em 1965), e ainda assim atrai milhares de curtidas diariamente, cheio de pessoas tecendo elogios como se fosse um reflexo da realidade moderna.

Logo, perguntar "por que vocês ficam decretando que a única opinião válida é a sua?" é inútil. Os Eleitos não enxergam que têm "opiniões". Estão argumentando a partir de um evangelho, mesmo que não o chamem assim e não tenham plena consciência disso, o que faz com que discussões sejam ainda mais difíceis do que aquelas sobre outras religiões. Para entender perfeitamente, é só prestar atenção a como é comum responderem algo como "você não condena o racismo?". É exatamente daí que eles partem — e são intransigentes. Não há espaço para nenhuma outra explicação do que é o racismo.

Chega um momento em que discussões sobre religião podem ser encerradas pacificamente com "nisso teremos que discordar", já que ambas as partes concordam que na "fé" os dois lados não têm para onde ir. Numa discussão sobre racismo, é comum que nenhum dos lados entenda que há uma fé desse mesmo tipo em voga. A pessoa Eleita acha que está "certa e ponto-final", enquanto a outra continua realmente achando que se envolveu numa discussão que tem alguma base na lógica.

Segunda: Ter parcimônia quanto às questões raciais não é "culpar a vítima". Apesar da atenção que o uso da palavra *like* como um termo de hesitação atrai entre os falantes modernos do inglês, todas as línguas têm suas próprias maneiras semelhantes. A única diferença é a palavra ou a expressão específica que usam. Em mandarim, as pessoas dizem "aquilo, aquilo, aquilo...", como se estivessem buscando o termo ou conceito apropriado. Curiosamente, a pronúncia da expressão para "aquilo" em mandarim é *nay-guh* (sonoramente semelhante a *nigga*, termo racista da língua inglesa).

Vez ou outra, norte-americanos negros têm demonstrado certa preocupação com o que os chineses estão supostamente dizendo quando pronunciam *nay-guh*, mas isso costumava ser tratado como piada. Mesmo assim, foi apenas uma questão de tempo até que alguém decidisse que não era mais piada, e não é por acidente que isso aconteceu, por fim, em 2020.

O professor Greg Patton ministrava uma aula de comunicação de negócios para alunos de administração da Universidade do Sudeste da Califórnia, na qual discutia os termos de hesitação de diferentes idiomas. De forma breve, ele mencionou que em mandarim as pessoas dizem *"nay-guh, nay-guh, nay-guh"*, o que ofendeu um grupo de estudantes negros lá presentes, que, por sua vez, denunciaram o docente para a coordenação, afirmando que "acabamos nos sentindo diminuídos". A alegação dos alunos foi: "Somos condenados a lutar por nossa existência na sociedade, no ambiente de trabalho e no país. Não deveríamos ser obrigados a batalhar pela nossa paz e bem-estar mental na universidade".

Patton foi, é claro, suspenso dessa matéria pelo resto do semestre. Mas o problema é que esses estudantes estavam fingindo. Parece cruel, mas alunos negros que estudavam chinês já ouviam *"nay-guh"* fazia décadas sem se sentirem discriminados. Um grupo de residentes negros na China escreveu uma declaração para o Ministério Público afirmando que nunca haviam se sentido ofendidos por ouvirem tal termo. No mundo inteiro, as pessoas perceberam que se esses alunos tinham planos de fazer negócios na China, certamente não poderiam esperar que os chineses se censurassem ou não usassem essa palavra quando eles estivessem por perto. Em geral, esses estudantes estavam estendendo a prossecução linguística dos Eleitos para outro idioma, o que não fazia sentido algum — e era tão ilógico que era impossível que eles não se dessem conta.

Fingir que não percebiam a incongruência dessa atitude é insultar sua inteligência, o que eles infelizmente conseguiram ao fazer aquela queixa. Eles alegaram que no chinês falado, "*nay-guh*" é dito com uma pausa entre as palavras, o que é absurdo. Falantes do inglês por acaso não dizem "*you know*", mas "*you... know*"? E, além do mais, "*nay--guh*" não é "sinônimo" da palavra com N, como afirmaram, mas sim um homófono (e apenas em parte). A coordenação ter baixado a cabeça para essas exigências a ponto de afastar Patton foi uma ofensa aos negros. Um aluno negro que acha que ouvir uma expressão idiomática em mandarim que, por acaso, soa como um termo ofensivo o priva de sua "paz e bem-estar mental" precisa urgentemente de ajuda psiquiátrica, um estado psicológico que dificilmente se aplicaria aos tais estudantes que decidiram usar Patton como peão em sua missão de moldar suas vidas com dramalhões regados a vitimização nobre. Esses alunos estavam, para resumir em uma palavra, atuando.

O que nos leva a um dos pontos mais complexos deste livro, um fato que é constrangedor demais: muitas das afirmações de vitimização racial de hoje em dia são falsas. Ibram Kendi grita aos quatro cantos que ser antirracista significa dar atenção apenas a como a "vítima" se sente, e não às "explicações" do criminoso. Mas acontece que às vezes as explicações são válidas, porque as acusações são infundadas. Partindo de algum princípio forçado que anula a razão, nos ensinam que esse tipo de acusação nunca pode ser infundado. Mas aceitar isso é ser racista.

Implica que pessoas negras, e apenas elas, são perfeitas. Brancos que votaram num monstro como Trump erraram; albaneses que deram continuidade a disputas sangrentas erraram — mas os negros nunca podem errar "por causa da escravidão e da segregação"? Ou até mesmo "por causa da escravidão, da segregação e das vítimas de violência policial como Eric Garner"? Por mais terrível que o racismo seja, nada neste preconceito cancela o que, antigamente, considerávamos bom senso.

Os Eleitos negros têm um plano de ação para isso: a ideia de que é o impacto, e não a intenção, que importa. Mas se olharmos para além do peso das palavras *impacto* e *intenção*, a pergunta continua *intacta* (!): por que pessoas negras nunca podem identificar erroneamente o racismo como a razão de determinado problema? Por que é impossível que um negro possa interpretar erroneamente algo como racista, ouvir uma explicação, dizer "ah, tudo bem, então, me desculpe" e ir embora? Fomos ensinados a aceitar o "Vocês têm que respeitar nossos sentimentos" de olhos fechados porque acham que um "sentimento" não pode vir de nenhum outro lugar além do racismo. Mas aperte os cintos, porque isso precisa ser dito e, sendo sincero, é melhor que seja dito por alguém negro:

> É bem comum hoje em dia que o que uma pessoa "sente" se baseie no que ela foi ensinada a "sentir" a partir de um paradigma que a instruiu a exagerar e até mesmo a fabricar esse tal "sentimento". Em outras palavras, é bem comum que a pessoa que nos ensina a aceitar e tomar como princípio o que ela "ensina" tenha sido... bom... instruída a agir dessa maneira

É exatamente isso, dito por um escritor negro, que faz os Eleitos negros se encolherem de ódio, e é algo que será difícil para muitos leitores aceitar. Uma pessoa negra dando voz a sua indignação é atuação? Termos que ouvi-lo falando isso mesmo depois de passarmos nossa vida sendo doutrinados por uma ideia oposta, de que a raiva de uma pessoa negra, independentemente de quão destoante de uma realidade imperfeita, mas aparentemente negociável, tem suas raízes em uma opressão clara e onipresente, raramente evidente, mas constante no "mundo lá fora" de "maneiras difíceis de explicar", mas trágica e instransponível? Vou ligar para a dra. DiAngelo agora mesmo. (Será que exagerei aqui?)

Mas sejamos sinceros. Eu não exagerei em nada além de uma etiqueta arbitrária, punitiva e sem sentido. Claro, às vezes as raízes da mágoa ligadas ao racismo são bem evidentes. Ninguém dirá aos familiares de Eric Garner que eles estão fingindo luto e indignação. Mas e o tão frequente contrário? *Hate Crime Hoax*, de Wilfred Reilly, um livro que a grande imprensa finge que não existe, com toda a tranquilidade apresenta um caso depois do outro em que negros de nossa era são expostos por terem inventado cenários em que supostamente foram discriminados ou atacados por sua cor de pele. É impossível que alguém, depois de ler o livro de Reilly, continue achando que isso não passa de um caso ocasional esquematizado por gente maluca, e é uma revelação que vai contra as ordens arrogantes que nos mandam pensar apenas no impacto e ignorar a intenção. Ah, e devo mencionar que Reilly é negro.

Por exemplo, você realmente acredita que as universidades são instituições racistas? Em 2020, Eleitos de Princeton classificaram o lugar em que estudavam como tal, e a Divisão de Direitos Civis da gestão de Trump começou uma investigação, o que forçou seus líderes a detalhar quais direitos civis haviam ultrapassado. Princeton ficou em maus lençóis por causa de uma mentira nobre, mas evidente, uma demonstração estapafúrdia de virtude sem nenhuma ligação significativa com os fatos. E vale lembrar que esse grupo de Eleitos não era um bando de crianças irresponsáveis, mas sim muitos professores e administradores com hipotecas e cabelo grisalho.

Quando casos como esse surgem, é possível que alguma parte de nós queira simplesmente aceitar. A lógica aparece de forma discreta, e nós, como quem não quer nada, a empurramos para baixo, cobrimos com um pouco de terra e damos tapinhas para deixar a terra macia enquanto continuamos achando que essa é a versão moderna de inteligência e moralidade. Entretanto, o incômodo nunca vai embora de verdade, porque é errado. Aceitar reivindicações de pessoas negras que ninguém aceitaria nem mesmo de seus próprios filhos é uma atitude racista. A ideia de que por vir de um negro não precisa fazer sentido para ser verdadeira é racista.

Precisamos dar um fim nessa cortesia de fingir que questões raciais não têm de fazer sentido e que são "profundas" e complexas demais. Isso constitui uma discriminação racista. Se classificar alguém ou alguma coisa como racista parece incoerente, então é porque provavelmente é incoerente mesmo, e não "complexo". Não menospreze pessoas negras ao fingir que o absurdo, se vier de nós, é profundo. Se você realmente nos vê como semelhantes, então pode — mesmo que com discrição — chamar nossa atenção quando estamos errados. É o que se faz com qualquer um.

Defender a verdade quando um negro finge se ofender ao ouvir um professor dizer que chineses falam *"nay-guh"* é o mesmo que dizer que um tapa não dói? Não. Abra espaço para sua razão e admita. E perceber isso significa chamar até mesmo suas fontes de informação preferidas de performáticas. O *New York Times* publicou um artigo no qual um desventurado professor negro de filosofia escreveu:

> Quase nunca participo de eventos informais com colegas. Não saio para beber. Não organizo jantares e não tento me integrar à vida de meus colegas brancos. (…) Respirar nos Estados Unidos já é difícil o suficiente. Todos os dias é como se estivéssemos vivendo com um joelho no pescoço.

O que aconteceu com George Floyd foi revoltante, e o racismo existe, sim. Esse professor também foi, embora de forma breve, brutalmente contido por policiais. Mas se ele realmente teme por sua integridade física por socializar com colegas brancos no ano de 2020 e acha que vive todo dia com um joelho no pescoço, então esse senhor não está bem. Ele deveria tirar uma licença imediatamente e fazer terapia várias vezes por semana.

Ele está exagerando porque acredita que isso servirá a um propósito maior, e servirá mesmo. Ele é um Eleito negro que vê como seu papel no mundo não apenas fomentar novas visões sobre Kant, Foucault, Fanon e outros filósofos, mas também chamar a atenção para o papel do racismo na vida das pessoas, e com isso supostamente ajudar a "desmantelar as estruturas". David Brooks, colunista do *Times*, aproveitando o momento, citou esse artigo quando afirmou, mais tarde, que, como um conservador de certa forma, havia se deslocado para a esquerda quanto às questões raciais. Porém, ao fingir que esse homem escrevia sobre a realidade, Brooks estava dando um passe livre para o pensamento negro. E isso não é uma forma progressista de se pensar; é racismo não intencional.

Classificar qualquer objeção contra alegações claramente ridículas como "culpar a vítima" é assumir o vitimismo como algo inquestionável. Isso envolve um salto absurdo de lógica ao qual alguém se submete apenas pelo pavor de ser chamado de algo terrível. Os Eleitos negros que exageram em suas vitimizações não fazem isso por algum tipo de missão cínica em busca de atenção ou poder. Mas sim numa missão em busca de um significado que, por diversas razões, não conseguem encontrar na vida real, como foi discutido no capítulo 3. Mesmo assim, infantilizamos essas pessoas ao fingir que elas são superiores a qualquer questionamento porque o "impacto supera a intenção".

O termo "culpar a vítima" não deve mais ser considerado um argumento irrefutável. Essa é uma expressão que passou a ser usada não como uma ferramenta de ensino, mas como um aríete.

Terceira: Lógica, e não "autenticidade".

Há um lugar para o qual precisamos "ir", uma pergunta que irá pairar sobre resenhas deste livro e que não vejo razão para responder apenas em entrevistas para a imprensa. Uma questão que abordarei aqui e agora: *sou negro o bastante para escrever este livro?*

Sendo mais exato, o quanto você pode confiar neste livro vindo de mim? Um professor universitário e escritor que usa cardigã, criado em bairros arborizados, educado em escolas particulares, que nunca teve conflitos com a polícia, que escreve e faz podcasts com seus filhos birraciais e que é difícil de imaginar como alguém com "raízes" entre negros menos afortunados do que ele. Esse sujeito é... por acaso... negro *mesmo*?

Ou: "ele é negro o *bastante*?". Alguém meio alheio à situação pergunta "como assim?", e a resposta pode ser, mesmo que apenas em pensamento, "ele não sofreu. Ele não faz ideia de como a vida é de fato para pessoas *verdadeiramente* negr... ops! Quer dizer, para a *maioria* das pessoas negras. Ele está falando de fora".

Não é uma pergunta tão doida assim. E a resposta aqui está: a opressão dos negros é supostamente tão escrachada que todos nós, independentemente de classe, criação, comportamento, estilo ou conquistas, sofremos o mesmo tipo de intolerância. Sugiro o artigo do *Times* escrito pelo professor de filosofia como um exemplo. Os policiais, pelo que os Eleitos dizem, não fazem distinção entre mim e o adolescente, entre mim e o "bandido", entre mim e qualquer outro indivíduo de pele negra. O esperado é que esse desprezo generalizado seja um dos principais motivadores do antirracismo, já que, afinal de contas... *tudo se trata de raça.*

Logo, é incoerente deduzir que, como sou um burguês incorrigível, fui poupado do racismo e, por isso, simplesmente não o entendo. A única saída é propor que sou ingênuo demais para perceber o interminável racismo que sofro. Mas rejeito essa ideia, porque significaria que sou um tanto tolo. Talvez eu seja esperto o bastante, mas esteja em negação? Duvido — sei reconhecer o racismo quando o encontro, mesmo se for sutil, e já escrevi muitas vezes sobre isso. E, mesmo assim, ainda acredito em cada palavra que estou escrevendo neste livro.

De modo geral, pode haver certa impressão de que as opiniões a respeito de raça são mais próximas da verdade quando vêm da periferia. Mas a ideia de que apenas quem já foi perseguido rua abaixo por um policial pode opinar sobre o racismo é uma das versões mais tristes e sem sentido de identidade racial que qualquer grupo humano já teve que empunhar.

Não peço desculpas por não ser uma figura politicamente correta. Eu me comprometo a ajudar negros necessitados, e as posições que defendo neste livro se sustentam e caem por terra com base em como ser aplicadas nessa missão.

De volta ao básico

Então:

1. A filosofia dos Eleitos é inatingível por meio do debate.

2. Você não está "culpando a vítima" se rejeitar a ideia de um Eleito.

3. Este livro não se invalida pelo fato de seu autor ter crescido numa família de classe média com pai e mãe.

E agora?

Uma amiga minha, branca e educadíssima, nasceu nos anos 1980. Ela conhece muito bem as nuances ideológicas deste momento em que vivemos e seus testamentos característicos. Ela não é do tipo de fazer muita oposição, mas pensa de forma independente o bastante para perceber alguns problemas reais neste novo clima acusatório que assola a esquerda. Por acaso, ela escreveu para mim o que considero uma descrição perfeitamente útil de como uma pessoa branca hoje pode se sentir confortável com toda a questão de "entender a problemática racial":

> Definitivamente não me preocupo com a possibilidade de ser racista. Acho que muitos acreditam que eu deveria me preocupar com isso, sabe? Que talvez todos os brancos devessem desperdiçar seu tempo se preocupando com isso. Mas não há motivo para tal — sei que não tenho crenças explicitamente preconceituosas e que possuo preconceitos subconscientes, mas todo o mundo é assim, e não se trata de algo pelo qual devemos ficar nos castigando. Tudo o que podemos fazer é tentar deixar nossa racionalidade ser mais forte que o subconsciente sempre que possível, e buscar estar ciente de quando essa lógica não estiver funcionando. A ideia de que meu tempo e energia seriam bem gastos se eu ficasse me sentindo mal com a possibilidade de não fazer isso com perfeição parece ridícula.

Isso, claro, é exatamente o que os Eleitos decidiram que não é o suficiente. Para eles, minha amiga é racista sem nem perceber, e a razão dos problemas dos negros são pessoas como ela, que se recusam a "se esforçar" para identificar a podridão racista de sua cumplicidade com um sistema injusto. Mas, minha gente, a menos que você esteja lendo este livro na força do ódio, minha amiga provavelmente não é muito diferente de você. Amigos negros, vocês provavelmente não têm nenhum problema com ela, ainda mais se levarem em consideração o que foi dito nessa declaração.

As opiniões dela sobre questões raciais estão anos-luz à frente das pessoas típicas de seu grupo demográfico, pelo menos desde 1980, e já é o bastante para nós. Os brancos podem adotar o mesmíssimo posicionamento de minha amiga, e as propostas políticas que descrevi no capítulo anterior ainda avançariam. Se você me disser que avançariam mais rápido e de um jeito melhor se minha amiga se sentisse pior por sua "cumplicidade", eu perguntaria como. Em qual precedente histórico a culpa profunda fez com que membros comuns da classe dominante se tornassem entusiastas políticos e mudassem as condições de vida das pessoas pobres? Lembre-se de que, para os Eleitos, o "solucionismo" (ou seja, pensar em resultados) é um pecado. O que eles realmente querem é erradicar o pecado.

Os Eleitos são nossos fariseus. Ao promover ideias antirracistas que, na verdade, prejudicam pessoas negras, eles se tornam obcecados com a literalidade da lei, e não com seu espírito, e a forma como perseguem os pecadores contrasta com a aceitação que Jesus lhes dedicou. Não vemos neles a atitude de alguém expondo algo horrível, mas a de quem *se alegra* em mostrar que *descobriu* algo horrível. Suas postagens nas redes sociais costumam ser o equivalente a alguém publicando uma foto não de um corpo coberto que desenterrou de um deslizamento de terra, mas de si mesmo no ato de desenterrar o cadáver para mostrar que foi ele que o fez. É esse o tipo de "esforço" que os Eleitos saem evangelizando pelo mundo.

Que tal se esforçar por algo que não seja expurgar sentimentos de culpa e se sentir superior a outras pessoas enquanto aproveita a sensação de pertencimento? Nosso esforço deveria ser empregado em lutar pelo fim da guerra às drogas, apoiar o ensino de leitura por meio do método fônico e celebrar cada movimento político que nos ajude a diluir a convicção de que todos precisam passar quatro anos vivendo num dormitório antes de começarem a treinar para o mercado de trabalho. Isso já esforço suficiente, e ajudará a mudar o mundo.

No entanto, ainda haverá Eleitos lançando insultos por essa versão simplificada do antirracismo, ou pelo menos fazendo discursinhos a respeito, e dizendo que apoiar isso torna o apoiador um pervertido moral. Eis o que fazer.

Simplesmente diga *não*

O que devemos fazer em relação à questão dos Eleitos é confrontá-los. Eles exercem comando por infligir o terror, seja ofendendo ou afirmando baixinho "bom, se você acha que o racismo é aceitável, então…". Eles acreditam que alguém exigir que ajam de acordo com a lógica é algo herege e "coisa de branco". Não há nada que possamos fazer a partir disso.

Nossa resposta a isso não pode ser simplesmente ceder, porque abrir mão significaria desistir da sociedade pós-iluminista que tanto valorizamos. Precisamos parar de ter medo dessa gente. E haverá algo contra o qual teremos que nos fortalecer e com o qual nos acostumar quando conseguirmos.

É comum que perguntem: "Como posso falar com essas pessoas sem ser chamado de racista?".

A resposta é: *isso não é possível*.

Quer dizer, eles *irão* chamá-lo de racista, não importa o que você faça ou diga que ultrapasse o que eles estipulam como apropriado. Pessoas negras: preparem-se para um ataque alternativo, pois os Eleitos as acusarão afirmando que vocês estão "odiando a si mesmas" ou "traindo seu próprio povo". *Com certeza* dirão isso de e para você.

Nossa estratégia de enfrentamento, portanto, não deve ser evitar sermos chamados de racistas, mas *nos acostumar com isso e seguir em frente mesmo assim*.

Para ser mais exato, além de tudo o mais com que somos obrigados a lidar, as pessoas esclarecidas devem se acostumar a ser chamadas de racistas em praça pública.

Temos de nos sentir mais à vontade para manter nossas próprias condutas e permitir que nossa própria razão decida se somos racistas, em vez de aceitar definições excêntricas e egocêntricas de racismo impostas a nós por religiosos.

Quando esse tipo de pessoa o chama de racista — e estou falando tanto dos brancos quanto dos negros —, você não precisa sair por aí "se esforçando" e se questionando se o acusador estava certo. Você é como Galileu, sendo ordenado a limitar suas pesquisas porque a Bíblia não gostava delas.

Parece pedir demais? Eu não peço mais do que os Eleitos, que exigem que você suspenda sua descrença e se comprometa com uma visão de justiça social que se concentra mais em mostrar virtude do que em ajudar as pessoas. Se você vai "se esforçar", como costumamos dizer hoje em dia, não preferiria gastar suas energias com algo que realmente faça diferença, e não apenas instigando gente inocente a chorar?

A menos que você opte por simplesmente se dissociar, ficará preso entre duas alternativas de onde focar seus esforços. Um exige que você finja que sua lógica não vale nada para evitar que alguém tente ferir seus sentimentos. O outro requer que você se acostume com certo nível de tensão no ar, enquanto segue seu coração e sua mente e se junta àqueles que estão tentando fazer uma diferença real para pessoas que precisam de verdade.

Sim, alguns terão mais facilidade de enfrentar os Eleitos do que outros. Devido a temperamentos diferentes, alguns se sentem mais confortáveis com o conflito do que outros. Alguns empregos exigem que sigam mais a linha dos Eleitos. Algumas rendas permitem que eles deixem empregos com mais facilidade do que outros. A decisão deve ser individual.

No entanto, até mesmo o *zeitgeist* geral do momento histórico importa, e todos podem contribuir para influenciá-lo, seja com muito ou pouco impacto. Devemos fazer o que pudermos dentro dos parâmetros que a vida nos dispôs, da mesmíssima forma que os Eleitos nos ensinam a questionar o que podemos fazer dentro de nossas limitações para sermos "aliados" na versão deles de justiça social.

Sempre que você se encontrar numa posição que permita que um Eleito o xingue e depois perceba que você não recuou, estará contribuindo para criar uma onda necessária capaz de colocar essas pessoas em seu devido lugar. Ajude a estabelecer um novo clima, mesmo que seja apenas por se recusar a acatar os julgamentos daquele anjinho Eleito em seu ombro ao tomar decisões.

A ideia não é amordaçar os Eleitos. Precisamos da esquerda mais radical para nos apontar novas formas de pensar. No entanto, precisamos que voltem a fazer isso sentados, como o restante de nós, em vez de se levantarem para conseguir o que querem nos chamando de imorais caso discordemos deles, e ainda por cima dizendo que agir assim é falar a verdade ao poder. Devemos desiludi-los da ideia de que a discussão sobre raça após a morte de George Floyd de alguma forma revelou a necessidade moralmente incontestável de que devemos nos curvar a essa religião.

Separação de Igreja e Estado

Enfrentar essa arte performática será mais fácil se nunca esquecermos que a filosofia dos Eleitos é, de fato, pura e simplesmente uma religião. Devemos exercitar a ideia de imaginá-los reunidos em suas próprias igrejas. Os prédios universitários de hoje são quase indistinguíveis dessas tais igrejas. Um antropólogo marciano notaria na mesma hora que o que chamamos de instituições educacionais funcionam também como complexos de templos para os compromissos religiosos dessa gente. Crenças populares fundadas em princípios claramente irracionais por motivos ulteriores e transcendentes e ferozmente mantidas por pessoas que em qualquer outra circunstância seriam empíricas são uma forma de religião.

Quando compreendemos os Eleitos como um grupo religioso, entendemos que seus seguidores não têm o direito de ser os principais árbitros de nossos currículos escolares, de decidir o que é exposto num museu, de escolher os assuntos que as pessoas decidem estudar ou as conclusões a que devem chegar com eles, ou que tipo de moralidade se espera de nossa população. Como bem disse o jornalista Charles Fain Lehman: "Reconhecer algo como uma religião é submetê-lo a certas restrições; as estranhas novas religiões que parecem ter se espalhado tão rápido não merecem nenhuma exceção a essa regra".

Além disso, o fato de muitos negros aderirem a essa religião não a isenta dessa simples lógica. "Precisão é coisa de branco." "Pessoas brancas que namoram pessoas negras devem, lá no fundo, ser racistas." "Silêncio é violência." "Resultados desiguais significam oportunidades desiguais." Esse tipo de *insight* são ideias, e muitas delas até que merecem ser levadas em consideração. Mas nenhuma é mais apropriadamente imposta por decreto ao público em geral do que seria a proibição ao consumo de álcool, ou, sendo mais direto, ao aborto, ou a ordem de não misturar leite e carne. Essas são questões de escolha pessoal.

Os Eleitos têm todo o direito a escolhas pessoais, como proibir romances inter-raciais, desencorajar pessoas negras de serem específicas e ensinar as crianças a se verem como membros de raças em relações opostas. (Observe como os Eleitos são, de fato, uma seita!) Mas para além de suas reuniões, se os Eleitos insistirem em ser uma religião do tipo evangelista, devem aprender a difundir sua filosofia por meio de uma persuasão civil e gradual. Os pentecostais não tentam converter os outros batendo na porta das pessoas e chamando-as de satanistas. Ou, se o fizessem, saberíamos que estavam, na verdade, tentando assustar, e não convencer os outros.

Quanto a isso, os Eleitos argumentam que são diferentes porque se trata de racismo, como se o que pregam fosse extremamente lógico e não precisasse de explicações. Todavia, usando o conteúdo do livrinho que eles estariam carregando caso batessem na sua porta, vamos lembrar o que eles querem dizer com isso:

1. Quando um negro disser que você o ofendeu, peça desculpas com extrema sinceridade e remorso.	Não delegue a um negro a responsabilidade pelo perdão que você espera receber. Ele já lidou com muitas coisas para passar por isso.

2. Não deduza que todos os negros, ou até mesmo a maioria deles, gostam de hip-hop, dançam bem e por aí vai. Pessoas negras são um conglomerado de indivíduos independentes. "Cultura negra" é um código para "costumes de gente pobre e primitiva".	Não espere que os negros se igualem às normas sociais "brancas", porque eles têm sua própria cultura.
3. Ficar em silêncio diante do racismo é uma forma de violência.	Faça com que a voz dos oprimidos seja mais alta do que a sua.
4. Você deve se esforçar eternamente para entender as vivências das pessoas negras.	Você nunca entenderá o que é ser um negro, e se acha que entende, então é racista.
5. Demonstre interesse pelo multiculturalismo.	Não cometa apropriação cultural. Você não tem direito ao que não compõe sua cultura, portanto, é melhor não experimentar, nem fazer.
6. Apoie negros a terem seus próprios espaços e fique fora deles.	Procure ter amigos negros. Se não tem nenhum, você é racista. E se falar que tem, é bom que sejam amigos *de verdade*, já que você está ocupando espaços pessoais deles em que não deveria entrar.

7. Quando brancos se mudam de bairros com maioria negra, é evasão branca.	Brancos se mudando para bairros de maioria negra é gentrificação, mesmo que estejam pagando generosamente aos proprietários negros do imóvel.
8. Se você é branco e namora só pessoas brancas, é racista.	Se você é uma pessoa branca e namora uma pessoa negra, então está, mesmo que inconscientemente, exotizando um "outro".
9. Os negros não podem levar a culpa por tudo o que cada negro faz.	Todos os brancos devem reconhecer sua culpa pessoal na maldade cometida pela "branquitude" no decorrer da história.
10. Alunos negros devem ser aceitos em escolas através de cotas e políticas sociais para garantir um número representativo e fomentar visões plurais nas salas de aula.	É racista deduzir que um aluno negro entrou em certa escola via cotas, e é racista esperar que ele represente pontos de vista "diversos" nas discussões em sala de aula.

Isso é uma prática de Igreja, para a qual não há lugar no Estado.

Exemplos de respostas

Se precisa de perspectiva, converse com qualquer um que você conheça que tenha vindo de um país que já foi comunista. Muitos dos imigrantes da Rússia e da China nos Estados Unidos andam perplexos com a rapidez com que norte-americanos inteligentes, sem sequer pestanejar, estão cedendo diante de um tipo de retórica que esses mesmos imigrantes reconhecem como aquilo de que escaparam ou que arruinou a vida de seus pais e familiares.

Ou pense em tubarões. É possível fazer um tubarão que se aproxima ir embora batendo no nariz do bicho. Há algo nesse gesto que os deixa desconcertados e os faz dar meia-volta. Metaforicamente, precisamos começar a bater no nariz dos Eleitos quando eles vierem atrás de nós.

Claro, não estou falando de forma física ou insinuando qualquer comportamento inaceitável. A metáfora, porém, é inestimável. O confronto será apenas com palavras, e consistirá simplesmente em dizer *não* a eles. Só para deixar claro: esses são tubarões que, quando forem embora, também o chamarão de supremacista branco no Twitter. Mas, juro, a vida pode ser muito pior do que isso.

Seria pior, por exemplo, permitir que a ameaça de insultos nos conduzisse a deixar que esses valentões benevolentes assumissem o controle de como pensamos, ensinamos e sonhamos, e seguissem vivendo com sua reluzente ideologia punitiva. Com o tempo, os tubarões também começarão a se afastar sem pegar os celulares (certo, admito que a analogia está ficando forçada!), porque perceberão que as ofensas não estão lhes dando o que desejam.

Aqui vão alguns exemplos de respostas:

> "Não acho que eu seja um supremacista branco, e você não vai me fazer mudar de ideia quanto a isso. Vamos mudar de assunto."
> (E se o Eleito for embora enojado com sua heresia, deixe que vá.
> Continue no evento, que agora não terá mais nenhuma confissão ensaiada de culpa, e mais tarde, não peça desculpa ao Eleito

quando ele lhe mandar uma mensagem resmungando que o que você disse foi "problemático", ou seja, uma blasfêmia.)

"Não vou assinar essa petição e não me importo com o que você for me chamar por causa disso, seja no Twitter ou em qualquer outro lugar."
(As turbas do Twitter são tenebrosas, mas talvez fosse uma escolha simplesmente passar algumas semanas afastado. Vai por mim: com exceção de casos mais extremos, isso passa e a vida continua.)

"Não vou voltar atrás [em algo inocente que falei ou escrevi], e pode me chamar do que quiser. E se você tentar fazer com que eu seja demitido, vou bater o pé e escrever sobre *você* no Twitter."
(E escreva mesmo. Você provavelmente encontrará mais amigos do que imagina. As redes sociais reúnem pessoas como nós tanto quanto reúnem gente como os Eleitos, e há cada vez mais e mais indivíduos ficando fartos da petulância dos Eleitos.)

"Essa religião não tem nada que se meter no currículo escolar. É, sim, uma religião, porque pelo visto vocês parecem incapazes de explicar sua visão com o que eu considero raciocínio lógico. Se *Não basta não ser racista — sejamos antirracistas* e *Como ser antirracista* já os satisfaz e vocês não parecem conseguir me explicar o porquê, então fico com a impressão de que esses livros não são tão valiosos quanto vocês parecem pensar que são. Se continuarem insistindo em expor meus filhos a essa religião num espaço em que eles deveriam estar estudando, vou reunir um grupo de pais e transferiremos nossas crianças para outra escola. E iremos escrever sobre *vocês* no Twitter antes, durante e depois de fazermos isso."
(Se algo assim se popularizar, será mais fácil conseguir que outros pais apoiem essa ideia publicamente.)

"Não, não vamos reformular todo nosso currículo escolar em torno do antirracismo. Não consideramos a batalha contra o racismo como nossa principal meta, mas sim como um tópico entre tantos outros, e temos orgulho de como estávamos abordando esse assunto antes. Aceitamos de bom grado algumas sugestões para que possamos melhorar, mas o antirracismo jamais será o foco de nosso trabalho aqui, e se vocês não gostam disso, podem ir em frente e tentar assumir o controle de outro departamento."

(E o caos nas redes sociais daria início, junto com cartazes, a uma manifestação mal-arranjada na frente de um prédio e coisas assim. Não recue — e enquanto isso incontáveis outros alunos coerentes e pais o celebram, assim como, mesmo que de forma mais discreta, a maior parte do resto do *campus*. Não podemos deixar essas turbinhas religiosas moldar a forma como vivemos.)

"Vocês estão dizendo que sou um racista, mas, na realidade, estou mais comprometido em ajudar pessoas não brancas pobres do que vocês."

(E encare-os, mantenha o olhar firme e não murmure um pedido de desculpas. Não recuar é capaz de fazer a diferença — não desvie o olhar e firme os pés. Posso garantir que, em algum nível, seu interlocutor sabe que lutar, por exemplo, por treinamentos vocacionais e o fim da proibição das drogas faz de você um aliado mais efetivo dos negros do que esse bando de gente que fica sentado em círculos reconhecendo o privilégio branco e pedindo desculpa enquanto Roma pega fogo.)

Devemos dizer *não* a essas pessoas em nome de um resultado: uma compreensão que irá gradualmente se formar entre os Eleitos de que eles precisam melhorar seus argumentos ou, melhor ainda, abrir mão de alguns deles. Uma compreensão coletiva (que depois de um tempo será reconhecida até mesmo por seus líderes não oficiais) de que difamação já não funciona mais se estabelecerá. Mais uma vez, reconheço que, mesmo para quem não é, ser chamado de racista pode ser difícil, da mesma forma que estremecemos diante da simples possibilidade de sermos chamados de pedófilos, negacionistas das mudanças climáticas ou até mesmo de não termos compreendido *Mad Men* direito.

Mas devemos nos ver como indivíduos engajados numa espécie de valentia. Alexander Soljenítsin, em *Arquipélago Gulag*, destacou o seguinte em palavras que, muito sabiamente, são aplicáveis a nosso período histórico:

> Nós nos acostumamos a considerar a *valentia* apenas num contexto de guerra (ou do tipo que é necessário para voar para o espaço sideral), o tipo que tilinta com medalhas. Esquecemos um outro conceito de *valentia* — a *valentia civil*. E é disso que nossa sociedade precisa, e nada mais, nada mais, nada mais! É tudo de que precisamos e é exatamente o que não temos.

Claro, não restam dúvidas de que o que consideramos valentia os Eleitos classificarão como um "contra-ataque" racista, e usarão como combustível para sentir ainda mais orgulho de sua posição perfeita quanto a isso. Mas se, em meio a essa perfeição, eles forem aos poucos voltando à postura de 2010 e se comportarem como uma única voz a uma mesa cheia de várias opiniões, teremos feito nosso trabalho. A história social nunca é perfeita, e contanto que o reinado de terror dos Eleitos seja contido, já estaremos em vantagem, quer eles entendam o porquê, quer não.

Nota importante: não se deixe distrair com aquela pessoa do outro lado da mesa de jantar que diz que os Eleitos não representam uma ameaça real em comparação com a extrema direita declaradamente racista. É comum ouvir que revoluções são sempre "complicadas", com a implicação de que, no grande esquema das coisas, o atual reinado dos Eleitos é apenas um momento da esquerda resolvendo alguns problemas. Poucos entre aqueles que adotam esse ponto de vista chamariam a extrema direita apenas de "confusa", e minha simples resposta é: imagine a turba dos Eleitos vindo atrás de você.

Se o que você sente diante dessa "complicação" é pavor, então já é um indício bastante conclusivo de que precisamos prestar muita atenção a esse assunto. O pavor não se torna positivo nem quando vem da esquerda, nem de pessoas negras. A razão deve prevalecer. Esse é o coração do Iluminismo. Os abolicionistas sabiam disso, os líderes dos direitos civis sabiam disso, os liberais de hoje sabem disso. São apenas os Eleitos que propõem que a racionalidade (algo que os deixa desconfortáveis) seja considerada nada mais do que "coisa de branco".

Não é progresso, nem é complicado, fazer pessoas perderem seus empregos e reputações por não transformarem a luta pela subversão das diferenças de poder no foco de tudo o que fazem, expressam ou sentem. Não é progresso, nem complicado, que negros sejam ensinados que nosso principal valor não está em nossa individualidade, mas na habilidade de representarmos o papel de vítimas para ajudar os brancos a se sentirem culpados pela desigualdade. Os Eleitos não são apenas complicados. Os Eleitos são um flagelo, e devem ser tratados como tal.

Seja Spartacus

É natural sentir medo de enfrentar os paroquianos que discordam com tanto fervor, com suas palavras pomposas baratas, sarcasmo ligeiro e ar de sabe-tudo. Mas eu garanto o seguinte: há espaço nesta sociedade para falar a verdade e viver para contá-la. Apresento alguns exemplos que estão frescos aqui em minha cabeça enquanto escrevo:

A Universidade Harding, no Arkansas, se recusou a retirar o nome de um ex-reitor de um prédio, apesar de ele ter inicialmente sido contrário à integração nos anos 1960. A decisão foi tomada ao avaliarem toda a trajetória de vida do homem, que mudou de opinião a respeito da integração e fez grandes ações de caridade na África. É algo que se encaixa na crença dessa universidade cristã, que inclui o perdão, algo que não é compartilhado por sua religião rival, a dos Eleitos. A universidade continua a existir; seus líderes disseram *não* e sobreviveram.

O matemático Sergiu Klainerman e o classicista Joshua Katz, ambos da Universidade de Princeton, publicamente rejeitaram e criticaram o manifesto de Princeton que acusava a instituição de ser racista. E respeitaram as pessoas negras ao fazer isso. Esses professores, apesar de terem sido duramente criticados nas redes sociais (e, no caso de Katz, virado assunto de um artigo de um jornal do *campus* que desenterrou assuntos vergonhosos de seu passado), não estarão vendendo bala nas ruas tão cedo. Eles disseram *não* e sobreviveram.

A matemática Abigaill Thompson, da Universidade da Califórnia, em Davis, também condenou a natureza de uma "declaração de diversidade" imposta aos docentes e enfrentou os acusadores. Ela disse *não* e sobreviveu.

O reverendo unitarista Todd Eklof (veja o capítulo 2), excomungado por discordar da ideologia dos Eleitos, está resistindo, com o apoio de centenas de fiéis e de muitos outros que deixaram a igreja em protesto. O reverendo Eklof sobreviverá.

Mais de cem artistas renomados assinaram uma petição contra os museus que cancelaram exposições das pinturas de Philip Guston, muitas das quais incluem figuras de membros da Ku Klux Klan, usadas para provocar reflexão. Os museus temiam que certos indivíduos percebessem essas imagens como uma forma de "dar protagonismo" à intolerância ou que servissem como "gatilho" para memórias traumáticas. Esses artistas, no entanto, compreendem que isso foi um retrocesso. O trabalho de Guston e esses artistas sobreviverão.

Casey Petersen, funcionário dos Laboratórios Nacionais Sandia, resistiu à "declaração de diversidade" emitida pelo laboratório, que incluía um vídeo amplamente visualizado no YouTube. Ele foi muito repudiado, mas também apoiado, por exemplo, por um engenheiro negro da própria Sandia. Até o presente momento, ele ainda mantém o emprego. Ele sobreviveu.

Morton Schapiro, reitor da Universidade do Noroeste dos Estados Unidos, respondeu com sinceridade aos estudantes militantes que exigiam o corte do financiamento da polícia do *campus* enquanto gritavam injúrias e vandalizavam a calçada de sua casa. "Isso de modo algum é falar a verdade ao poder ou promover sua causa. É uma abominação, e vocês deveriam se envergonhar de si mesmos." Claro, os suspeitos de sempre o chamaram de racista e exigiram que ele renunciasse a seu cargo. "Eu mantenho tudo o que disse, sem tirar nem pôr", insistiu o reitor. E lá ele continua, enquanto escrevo.

Pedro Domingos, professor de ciências da computação e engenharia da Universidade de Washington, questionou uma proposição dos Eleitos que exigia um "teste de ética" para submissões à principal Conferência de Inteligência Artificial e sua revista científica. Ele foi sumariamente atacado por uma liderança dos Eleitos da área e recebeu o tratamento completo: as turbas, as acusações *ad hominem* e as tentativas de desmoralizar até mesmo pessoas que haviam curtido suas publicações em redes sociais. Domingos se manteve firme, viu colegas sensatos aos poucos começarem a se manifestar a seu favor, e hoje está vivo e bem para contar a história

Há outros nomes que seria melhor não mencionar, como o do acadêmico em posição de autoridade que, quando recebeu ordens de seguir os princípios dos Eleitos e chamar certos colegas de racistas, renunciou ao cargo, mesmo que voltar a trabalhar apenas como professor resultasse num corte de salário. Essa pessoa sobreviveu, assim como muitos outros já sobreviveram e muitos outros sobreviverão.

* * *

Os Eleitos sempre acharão que quem se juntar a esses sobreviventes valentes e seguros de si serão, independentemente da cor de sua pele, pessoas de moral pervertida que celebram a supremacia branca.

Mas essa não é a verdade, e você sabe isso.

Coragem.

Agradecimentos

Sendo bem sincero, este livro verteu para fora de mim no verão de 2020. Agradeço primeiro a meu agente, Dan Conaway, que, com muita graça e paciência, lidou com um cliente escrevendo um livro incômodo, lançado logo após outro, e, à medida que o tempo foi passando, conduziu com grande sabedoria o caminho até a publicação. Bria Sandford, da Portfolio, também tem sido uma editora acolhedora e estimulante.

Este é o primeiro livro que escrevi cujos agradecimentos vão, em grande parte, para gente que nem conheço. Os milhares de cartas que recebi desde o verão de 2020 de pessoas tão abismadas com a nova influência dos Eleitos quanto eu me fizeram entender melhor a natureza e o tamanho desse fenômeno, e ainda me muniram de incontáveis exemplos vindos de onde vivem. O volume dessas mensagens continua impossibilitando que eu as responda individualmente. No entanto, aprendi muito com todas elas. Grande parte do Catecismo das Contradições no capítulo 1 foi inspirada por alguém que entrou em contato comigo para falar das problemáticas abordadas neste livro e que, devido à natureza acusatória do movimento ao qual me refiro, preferiu continuar no anonimato, mas sabe quem eles são.

Daqueles que conheço, Dan Akst, Aileen Kawabe, Joe Kolman, Lenore Skenazy e Dan e Rose Subotnik particularmente ajudaram a moldar os pensamentos que adentraram este livro.

Leia também

GUSTAVO MAULTASCH

CONTRA TODA CENSURA

PEQUENO TRATADO SOBRE A LIBERDADE DE EXPRESSÃO

AVIS RARA

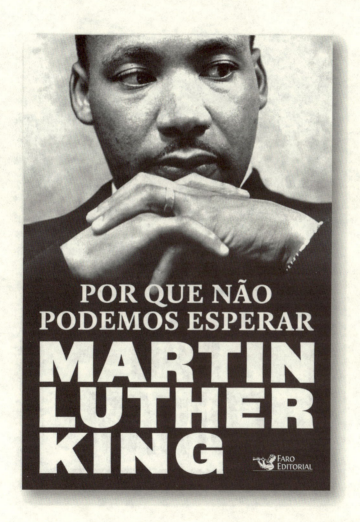

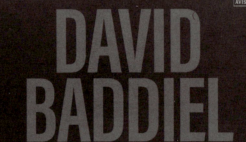

**ASSINE NOSSA NEWSLETTER E RECEBA
INFORMAÇÕES DE TODOS OS LANÇAMENTOS**

www.faroeditorial.com.br

CAMPANHA

Há um grande número de pessoas vivendo com HIV e hepatites virais que não se trata. Gratuito e sigiloso, fazer o teste de HIV e hepatite é mais rápido do que ler um livro.

FAÇA O TESTE. NÃO FIQUE NA DÚVIDA!

ESTA OBRA FOI IMPRESSA
EM JANEIRO DE 2024